世代生存在这片土地上的男人、女人、老人和孩子，每个人都承担着家庭生活的重负。他们明白自己的社会地位和角色，知天命，顺应自然，勤勉一生，用简明的俚语沟通着生活中的快乐和痛苦，相互依靠又保持独立，相互关照又漠视如初。他们是这样一批憨实的守护在本土领地的群体，存在着却被遗忘的乡党们。

　　　　　　　　　　　　　　　　　　　　　　　　　　　倪强

　　　　　　　　　　　　　　　　　　　　　　　　　　　2014.4.10.

藏着的关中

胡武功 著

西北大学出版社

读胡武功 （代序）

读胡武功，让人怀旧，也让人怀恋。

怀旧是人类情感领域的一大块。

怀恋过去是人对生命的咀嚼与反刍，生命的滋味就在其中。与之相对应的是憧憬未来，那是对生命的幻想与期待，生命的价值就在其中。

读胡武功，让人幽思，也让人冥想。

人生的意义，我们每个人其实都想过，想来想去还是没意义。只有哲学家在深入地探究和梳理，但结果还是东一榔头西一棒槌，把人打得晕头转向，大多还是坠入玄奥的境地。

读胡武功，让人感悟，让人感慨。

一位朋友年近九旬的母亲，在病床上敕命几位孝敬的儿子要用最好的设备、最好的医生、最好的药物给她医疗，声称"我还要活，我还没活够"。当大家半开玩笑地问她"您活的心劲咋这么大"时，老人一语道破让所有哲学家都纠缠不清的人生的意义：我还要经世事哩！

经世事、过光景，也许就是人活着最真切的意义之所在。

世事难料，光景瞬息。正是这难料和瞬息，才使人生充满神奇和魅力。这种神奇和魅力何尝不是造物主给人类生命设置的一个魔障？这个魔障又何尝不是一种恩赐？

人类智慧恰恰就在这恩赐的魔障中左冲右突，洗礼升华。

摄影技术的诞生无论如何都应算是人类智慧在这场旷日持久的冲突中升华的成果之一。稍有遗憾的是有点太晚了，不然的话，我们定能很真切地看到苏东坡的潇洒、李太白的浪漫、秦始皇的霸悍，至少兵马俑坑的建造场面是不会遗漏的。

我们生而有幸，能比前人、比古人更多地沐浴在人类智慧的空前成果之中。如今，我们已将"摄影"普及到大人小孩都能举手成拍、信手为之的程度，"摄影"这个曾经是"高富帅"的宠儿几乎是一夜之间"沦落民间”，唯其如此，成就一个真正的摄影家更显其难、更见其贵。

我等有幸能近距离地、知热知冷地沐浴在胡武功的摄影智慧之中。

读胡武功，让人感受到一个艺术家的单纯与执着，也让人感受到艺术作品大朴不雕的魅力。

摄影家胡武功以经世事的热情、过光景的态度，将摄影与人生融为一体，将艺术与生活融为一体。他置流派纷呈的摄影于不顾，坚持以摄影最本原的功能对准生活的底层大众，记录生活的原生态，一步一个脚印，踏遍关中大地的山山峁峁，走遍关中乡镇的村村落落。镜头所指，尽是不同生存背景下的男女老幼的一举一动、一颦一笑、一情一境、一点一滴。穿越三十多年的光阴历程，翻阅数十部光影著述，光阴都要驻足，光影都会感叹，一个不动声色地躲在生活边上的赤子情怀浸透在数以万计的图片中。他天赋使命，著就一段关中图像史；他截留光景，让人们把曾经经历过的转瞬即逝的生活情境展卷寓目、把玩回味。许多真实原生的人物生活场景信手拈来，不事雕饰而机趣匠心，不禁令人叹服他作为纪实摄影家敏锐的发现力和表现力。

读胡武功，让人苦涩，也让人甘甜。

摄影家胡武功让平常生活出场，让平凡人物亮相。婚丧嫁娶、喜怒哀乐，大多在贫瘠荒凉的恶劣生存背景下展开，他们苦中作乐、自嘲调侃、幽默达观，既顺从命运又不屈从命运的生存智慧几乎是白描式表现。

胡武功以学者的素养、文人的情怀、艺术家的眼光、史学家的责任心系一处，几十年如一日记录一个地区的生活演变，其史诗性、艺术性、历史性不容置疑。胡武功属于时代，也肯定属于将来。

读胡武功，让人奋进，让人坚韧，更让人对他心生尊重与崇敬！

马河声
2014 年 2 月 17 日于长安懒园
（作者系著名书画家、评论家）

目 录

自述

30 多年里，我跑遍关中，照遍关中。

关中，陕西人自豪地称它为八百里秦川。这块土地古时就被誉为"天府之国"，以至于今天，人们还把西安以东称"东府"，把西安以西称"西府"。何谓关中？有两说。其一，因地处函谷关与大震关之间，故名关中。其二，说八百里秦川东有函谷关、西有大散关、南有武关、北有萧关，因此而得名。两说归一，都是因为这一块水丰地腴的渭河冲积平原四面环山，富庶少灾，进可攻退可守的战略优胜位置。关中最著名的山脉是秦岭，秦岭横贯中国中部，呈东西走向，长约 1500 公里，为黄河支流渭河与长江支流嘉陵江、汉江的分水岭，是中国地理上最重要的南北分界线。相传是因为春秋战国时期属秦国领地，也是秦国最高的山脉，遂命名为秦岭。秦岭被尊为华夏文明的龙脉。

独特的气候与地理条件，使秦岭荟萃了世界上许多珍贵的野生动植物，被科学家誉为天然的动植物园。其中，最有名气的是号称"地球先民"的大熊猫和被誉为东方宝石的朱鹮。1981 年，在陕西洋县仅发现残存的 7 只朱鹮。经过人们 30 余年的精心保护，现在朱鹮总数已达到 300 只。当然，凶猛的羚牛和活泼机灵的金丝猴也是秦岭的原住民，还有地球上绝无仅有的、植物分类学上不可缺少的独叶草，以及无数名贵的中药材等。

自从人文初祖炎黄二帝起，历经周、秦、汉、隋、唐 1100 多年间，帝王将相、英雄豪杰、才子佳人在关中这块宽广的历史舞台上粉墨登场，上演了一出又一出世间悲喜剧，成为至今被引为骄傲的华夏文

秦岭无处不丹青　2013 年作

明史。

在渭河两岸厚厚的黄土原中，埋葬着周秦汉唐时代的帝王及爱妃宠臣的尸骨，形成蔚为壮观的古代帝陵群。随着考古事业的发展，人们一边百般诅咒历代集权者贪婪腐恶、荒淫无度，一边赞叹西周车马遗址、秦兵马俑坑、汉代石雕和唐墓壁画那无比灿烂的古代文化，尽管这些都已成为华夏民族远去的辉煌。

熟知历史的人，都会看到这样一个事实，中国的传统文化是按两条线索传承下来的。一条是"官文化"，一条是"民文化"。由于中国长期推行集权体制，且该体制在数千年的漫长过程中得以不断巩固与完善，文字、言说的权力都控制在"官"手中，于是历史便成了"官"们的历史，文化也就成了"官"们创造的文化。在现存的大量文献以及伴随考古出土的绘画、雕刻中，人们看见了越来越完整的民族"精英史"，其中少有普通百姓的颜面和身影。即使在传媒高速发展与普及的当代，文字所述、镜头所对、影像所录的主体也大都是政要与显贵。"民文化"也可称为俗文化。"民"们虽然上不了史书，进不得大雅之堂，但就我的体验与认识而言，中国的华夏文明史，正是大众百姓所孕育。大众百姓的俗文化，早已渗透在各地域百姓的日常生活中，渗透在他们的起居、劳作和礼仪交往中，甚至是以一种生命存在的方式一代代沿袭下来。比起官文化，俗文化没有那么严密与精到，却无比鲜活，充满生命力。这正是我30年来把相机镜头对准已物质形态化的"俗文化"的机缘与动力。

关中是农业的发祥地，自古以来，关中男人极善农耕。他们把肥腴的八百里秦川梳理得畦畔平整，

黄土魂　2013 年作

宽窄相宜。翻、犁、耙、磨、种、锄、割、收，精到无比；关中女人纺线织布，心细手巧，更能在一丈见方的梨木案板上，把精细的麦面扯、擀、搓、摊、蒸、烙、煮、炸，做成圆、扁、方、长、粗、细、干、湿各不相同的美味佳肴。温饱有余、寒暖相宜的日子，使关中人坚守本土，固执己见，风物虽长，目光不远，讲究实际，注重生存。关中人传承俗文化与漠视历史遗存，其实质都是生存直接需要的结果，或者说是一种集体无意识的产物。唱秦腔、耍社火、送花灯、做礼馍……这些充分体现俗文化的物质行为，是老百姓生命发展过程中不可或缺的程序，它们是物质化的文化形态，从中我们看到关中百姓热爱生命、尊重人性、崇尚礼仪、渴望幸福的人生追求。它们简陋而拙朴，浓重而热烈。因此，它们与老百姓的生命一起自然而然鲜活生动地沿承下来。而阿房宫、羽霓云裳都是生命以外的东西，随着利益集团肉体的消亡而灰飞烟灭。生命的实际需求高于一切，构成关中百姓的人生观与历史观的核心。近年来，传统大宅院古民居一律被推倒重来，取而代之的是四四方方火柴盒般的砖混结构平顶式楼房，正是这种观念的体现。

传统因实际需要而取舍，昔日的汉风唐韵，人们只能到日本和韩国去寻觅了。1988 年，我去日本，发现了关中人早已久违的生活用品——鞋拔子。这本是唐人的专制品，是顺留人的脚后跟形状，用黄铜打制的，不知什么时候悄悄漂洋过海落在大和民族的宾馆饭店。所不同的是，日本人给鞋拔子安装了长约 60 厘米的木柄，使用起来不用下蹲或弯腰，更能轻松提鞋，体现出浓厚的人文气息。如今，在关中却很难见到这种传统味浓烈的实用品了。关中人喜新厌旧，又自谦自卑，常常在吸收外来文明、吐故纳新时，把脏水和孩子一起泼了出去。但这又可看作是关中人的一大特长，实用的、生存第一的原则，使他们一脉相承地存活并延续下来。关中人靠的是这种永恒的人文精神和内在固有的种族信念处世活人。

是的，"活人"多么重要！"活人"虽然是关中人的日常口头语，但其意识多么前卫！在中国的正史中，除主角"官"外，只提民，不提人。而关中老百姓却把"人"挂在口头上，始终要"活人"。他们教子时讲"要好好活人"，哀怨时喊"叫我咋活人"，办成大事时称颂"可活成人了"。可见，"活人"意识在他们的观念中是何等深重。即便千年礼教，也挡不住他们做一个堂堂正正的人的意愿。从"官史"到"人史"是一个进程，也是一个进步。我们看到一个平民时代的"人的历史"正在来临，这将是全面而更具人类主义的历史。我情愿为关中人留影，情愿为关中人"活人"过程留影。

数千年的农耕与游牧文化是我们的根，是我们独立于世界民族之林的旗帜，其中不乏仁爱道德的温情，礼义廉耻的准则和张扬生命的赤诚。然而，毕竟一个时代结束了，传统的书本文化已经僵死，过去的俗文化也不可再生。30多年的改革开放，使关中从根本上改变了数千年的旧面貌。从这时起，关中人才真正开始扬弃农牧文明，迈向工业文明的现代化。正是从这种意义上，作为传统形态化文化变迁的目击者，我拍下这些一去不返的瞬间，希望这些历史形象不要被人们迅速遗忘。

胡武功

细狗撵兔 2014 年作

东方宝石——朱鹮　2013 年作

渭河

渭河是黄河最大的支流，关中是渭河的冲积平原。渭河流经西安附近时容纳了泾、灞、浐、沣、滈、涝、潏等七水。因此，历史上号称八水绕长安。八水似乎就是华夏文明的源头。传说远古时代，女娲在这里补天并缔造了人。考古发现，100万年以前蓝田猿人就生活在灞水之滨。六七千年前，半坡人在浐河岸边开始了新生活，留下闪烁着智慧人光芒的新石器、新住居、新文化。而我们现在能看到的最早记载炎帝、黄帝的文字史料是《国语·晋语》，书中说："昔少典娶于有蟜氏，生黄帝、炎帝。黄帝以姬水成，炎帝以姜水成。"根据史学家考证，姬水和姜水都在渭河流域。姜水在宝鸡，姬水则是关中中部的漆水河，两河都是渭河的支流。渭河成全了两位部落首领，后来两部落展开阪泉之战，黄帝打胜，实现了人文初祖的宏图大略，两部落也逐渐融合为华夏大家庭。华夏族到汉朝称汉人，到唐朝称唐人。今天我们中华民族统称为炎黄子孙。后来西周人得势，在镐水两岸建都，发布周礼以治天下。再后来星转斗移，秦始皇创建中央集权政治制度和多民族大一统国家模式，到汉时又以"尊儒"为旗帜，"霸王道杂之"，成为后世统治的永则范式。而占全国人口90%以上的汉人及其汉字、汉文化等也都因大汉帝国而得其名。秦阿房宫、汉未央宫都建在渭河边上，秦汉两朝并修渭河大桥把咸阳与长安紧密联系起来……

关中人把高而平的地称作原。由于地壳运动，"八水"冲积，西安附近形成大大小小、许许多多的原。当我们走到渭河与灞河之间的龙首原时，可看见昔日汉王朝的城郭；当我们来到灞河与浐河之间的白鹿原时，可想起项羽军驻灞上摆起鸿门宴的英雄气概；当我们登上浐河与潏河之间的乐游原时，会情不自禁地吟诵唐朝诗人李商隐"夕阳无限好，只是近黄昏"的千古绝唱。当然，还有相传出产过 6 斤重谷穗的神禾原，西汉名将周亚夫驻军的细柳原和出土过世上最早的纸张实物标本的铜人原。总之，在渭河冲积成的关中平原的每一寸土地上，我们都能体会到浓郁的民族历史文化的气息。

我出生在灞水之首，成长在浐河之滨，少年时代的情景常常因见到这些河水而回流在眼前。那是一个灿烂的黄昏，在浐河边一片林木丛生的坡地上，有一群披头散发、腰裹麻片的男女手握石器砍树拓荒；背面的山涧，有人手执树杈与石块，围猎一只野山羊；而在弯曲的河边，一少女双膝下跪正在汲水，用的是一只尖底陶瓶，上边印有鱼纹人面图案。这不是我的幻觉，这是当年新建的半坡博物馆中的一幅油画。我的第一节历史课就是在这个博物馆上的，这幅画给我留下太深的印象。从此，我喜欢约小伙伴在河边玩耍。在这昔日的皇家京畿的草丛石滩上，随手可捡得已成碎块的瓦当。我与伙伴常常用瓦当打水漂，看谁的瓦当在水上漂的次数多、抛得远。即便是在闹大饥荒的 20 世纪 60 年代初，我仍然喜欢去河滩抓青蛙、偷红薯。我学着半坡人的样子，头戴柳条圈，穿着补丁短裤，光着上身和脚丫，用自制的小铁叉偷猎在水边喘气的青蛙。夕阳西下，趁农民收工回家，钻进他们的红薯地，偷挖已长胖起来的薯茎。然后点起篝火，烧烤我们的猎物。那时我不愿上学，坐在教室里实在挨不住饥饿的折磨。逃学来到河边，虽然更饥饿，但总会有一顿自制的晚餐，可以缓解一下咕咕饥肠的鸣叫。我还喜欢农民在田间搭盖的茅草棚，当地人叫它"庵子"，它的外形非常像半坡人那半窖穴式的房子。我常常与伙伴趁无人时钻进去玩耍，那感觉仿佛走进原始人的居室。

我对渭河系统而理性的认识，始于1992年拍摄《八百里秦川》专题时。那时，我们"陕西摄影群体"中的六七位摄影家，花了一个多月的时间，沿着渭河用照相机记录了两岸的人文地理、习俗风情。后来我又一次从渭河源头的鸟鼠山出发，对渭河作更加详细的考察。当我把自己热烈的情感投入渭河考察后，深切感到这条既是母亲河又是历史名河的丰腴和贫瘠、古老和沧桑。

渭河有200多万年的历史，发源于甘肃省渭源县鸟鼠山的品字泉，流经甘肃、陕西两省，全长800多公里。秦陇人称之为禹河，据说与大禹治水有关。鸟鼠山名气很大，被中国许多史书频频提及，它与中华民族有着不解之缘。当然在关中还有一条河，叫泾河。泾河与渭河流量都很大。泾河流经黄土高原，带有大量泥沙，古时十分混浊。渭河由于上游植被较好，河水相对清亮，所以就有了"泾渭分明"的成语。人类自古以来即择水而居，水是生命之源、财富之源、文明之源。正因如此，渭河平原才成为中华民族实现国家统一的奠基地，以至于周、秦、汉、唐等10多个王朝在这里建都长达千年之久，从而确立了中国"四大文明古国"的世界地位。

关中人很早就懂得利用渭水兴利。据史书记载，早在周时，秦昭襄王就在凤翔修建了白起渠水利工程，以灌溉农田。而秦王嬴政则花了10多年时间兴建了郑国渠。"于是关中为沃野，无凶年，秦以富强，卒并诸侯。"到了汉武帝时，又修筑了成国渠，从今眉县引渭水向东流，灌溉眉县、扶风、武功、兴平一带农田。三国曹魏时，卫臻重修成国渠，西伸百里引千水，东延百里至泾渭交汇处，灌溉面积达到2万多顷。582年，隋文帝诏令修建了龙首渠、永安渠、清明渠以供水长安城。到了20世纪30年代，水利专家李仪祉又修建了渭惠渠、泾惠渠等著名饮水灌溉工程。尤其是20世纪70年代初，现代关中人修建的宝鸡峡引渭工程，为改变关中西部及渭北高原长期缺水的状况起了重大作用。渭河哺育了关中人，关中人也不断改造着渭河。关中人热爱渭河，赞美渭河，敬畏渭河。他们把对渭河的感情留在诗歌中，留在逢年过节祭祀河神的活动中。

当然，渭河也给关中人带来数不清的灾难。渭河流经黄土高原，夹带着大量泥沙。遇到暴雨，河水猛涨，冲毁房屋和田地。仅唐以来有史可考的大水患就有5次之多。

水利与水害构成渭河的历史，磨炼了关中人的体魄，养育了关中人的心智。但，这是一条自然的河。

10年以后，当我有机会再次考察渭河时，那条原始的自然的渭河早已离我们远去了。2001年的渭河行是很仓促的，5天跑完了800多公里，自然不能深入细致地采访它。尽管是蜻蜓点水，尽管许多地方并未点到，但这条我本已熟悉的母亲河，还是改变了我以前许多的记忆，留下许多新的沉重而深刻的印象，这就是断流、污染、大开挖。

在鸟鼠山，10年前的品字泉，如今只剩下一个口子了。水少而贵以至于被视为神水严加看护，不准饮用。幸亏渭水源头还有另一条支流叫清源河，成了渭源县人民的救命水。清源河发源于鸟鼠山南面的豁豁山，比禹河源远流长。早在 1938 年，时任燕京大学教授的我国著名历史学家顾颉刚先生率学生考察渭河后，就对禹河为源头提出过质疑，认为禹河徒有虚名。豁豁山虽然没有鸟鼠山名气大，但地处深山僻壤，人烟稀少，植被少受破坏，上游大面积原始森林为渭河注入不断的源头活水，哺育着两岸的子民。

从渭源县出发，翻武山进甘谷，入天水走宝鸡，过西安下渭南到潼关，一路风尘。我见到渭河有许多支流，但都没有水，尤其是上游的支流全变成白花花的石头河。至宝鸡峡，渭河好不容易收拢了不知从哪里渗出的股股细流，大都通过宝鸡峡被引入渭北高原。中游以下地区所见到的渭水，早已不是原本意义上的"禹河"水了。

渭河流经秦陇山地，河床中堆满因修建宝天铁路复线而从山洞中吐出的大量碎石。有些河段两岸已被压缩到 10 多米宽。为修建隧道，挖沙机把河床掘得千疮百孔，使天然河床变成惨不忍睹的"乱杂坟"。渭河正经受着大开挖的考验。

虽然渭河中上游一年大部分时间处于断流状态，但千河、漆水河、沣河等支流却送来大量散发着臭怪气味、浮着白沫的黑、黄水，污了河床，死了鱼儿，脏了水源。长期干涸的渭河滩，常常成了垃圾场。在咸阳渭城区的渭河滩上，到处是各种建筑垃圾、医疗垃圾和生活垃圾，多达 150 万立方米，占河道面积 600 余亩。这些垃圾不但严重影响渭河行洪，而且污染了地下水，加上不期而至的水患，给下游带来无力抵抗的灾难。难怪下游的人们发出仇恨的吼声："狗日的渭河！"

其实应把这诅咒视为人类的自骂，一切祸源在于人类自身。上游人砍柴放牧、毁林开荒，对渭河是一种生存性破坏。而中下游开山取石、占地排污则是一种发展性破坏。难道人一定要胜天？就不能与天和睦相处吗？难道人只能索取于自然而不能培育自然吗？爱护我们的地球与河流，就是爱护我们自己的生命啊。

转眼又一个十年过去了，随着经济发展、社会进步，人们的环保意识增强，渭河的整治被提上议事日程，并且很快付诸实践，取得显著成果。如今，无论散步在宝鸡的渭河之滨，还是徜徉在咸阳的渭水两岸，都可欣赏到清澈的流水、婀娜的垂柳、翠绿的草坪。

渭河在潼关汇入波澜壮阔的黄河后，急转向东流去。相比黄河，渭河变成涓涓细流，它悄然无声却坚韧执着地走向自己的归宿。站在高耸的潼关南原，我两次俯瞰渭河与黄河，虽然都是晴天，但它们却笼罩在烟雾蒙蒙中，不肯显露自己的整体面貌，给人留下无限遐想。

渭河是黄河最大的支流，在 200 万年漫长岁月中哺育了令人瞩目的古代文明。

品字泉被视为神水，平时严加看管，不许饮用（甘肃渭源县）　2001 年摄

渭河上游常常干涸得只留下一条河床（甘肃渭源县）　2001 年摄

渭河与黄河在潼关原下汇合（潼关县）　1991 年摄

20世纪70年代中期，渭河上还可以行驶大木船（兴平市）　1974年摄

渭河上游的灞陵桥始建于明代，清代重修。现桥为 1932 年国民政府修建，桥内有蒋介石、孙科、于右任等人题字（甘肃省渭源县） 2001 年摄

农民徒步涉水过渭河（周至县） 1980 年摄

在仿造的泥屋草庵体验新石器时代半坡人的原始生活（西安市）　1996 年摄

位于西安龙首原上的汉未央宫遗址（西安市） 1994 年摄

渭河上的便桥一般只能在冬春时使用，夏秋会被大水冲掉（武功县） 1992年摄

农民在渭河挖沙（宝鸡县）　1992年摄

秦岭

　　关中是秦地，因此这里被称为秦川，这里的人叫秦人，这里的山叫秦岭。秦岭横贯关中东西，与南北走向的黄河形成坐标形，确立了关中在中华版图上的位置。秦岭西起甘肃南部，经陕西中部到河南西部，呈东西走向，长约1500公里。秦岭是中国一座古老的名山，因它的阻隔，形成黄河、长江两大水系，形成南北气候的巨大屏障，形成中国的南方和北方。南方和北方是个笼统的概念，其中包含着气候、地理、人文的显著差异。早在先秦时代，关中人就开始了冲破秦岭阻隔、探索南北交流的壮举。在绵延数百里的秦岭腹地，留下了100多条贯通南北的栈道，而汉代的石门则成为地球史上第一个人工隧洞。沿着古代的褒斜道，20世纪50年代，一条钢铁大道贯穿秦岭，使天堑变成真正的通途。那卧在崇山峻岭间的S形宝成铁路又一次被载入人类发展的史册。

　　秦岭是我国内地海拔最高的名山，加上南北不同气候的影响，形成独特的自然环境，荟萃了世界上许多珍贵的野生动植物，被誉为天然的动植物园。其中最有名气的是号称"地球先民"的金丝猴、大熊猫，被誉为东方宝石的朱鹮和凶猛的羚牛，还有地球上绝无仅有的、植物分类学上不可缺少的独叶草，以及无数名贵的中药材。

　　秦岭孕育了闻名遐迩的华山和太白山，吸引了无数向往者攀登光临，留下千古绝句和格言、璀璨思想和精神。

　　华山，海拔2200米，是一块整体花岗岩，上分五峰，恰似一朵绽开的莲花。《水经注》说它"远而望之似花状"，因名华山。华山以"奇拔俊秀"冠天下，为此产生了许多瑰丽的神奇故事：远古时，巨灵仙脚登首阳，手推华山，为黄河开道，被推开的东峰留下巨灵仙掌的印痕；神话中，沉香劈山救母，使西峰陡如刀削，成为华山的标志性山峰；先秦时，吹箫引凤，萧史与弄玉逃婚隐居莲花心，使中峰成为男女追求纯真爱情的圣地；传说宋初，赵匡胤输掉华山，却换来五代十国的统一，使老百姓在连年战祸后得以休养生息；离我们最近的那件发生在 20 世纪 50 年代初人民解放军智取华山的故事，至今广为流传。

站在平原上观赏华山的最佳位置是华岳庙，那是古人为我们选择好的视点。华岳庙位于华阴县东北 l 公里处，是唐时修建的皇家寺庙。规模宏大的宫殿式建筑群，与临潼骊山的华清池、长安城中的大明宫东西遥相呼应。

1971 年，我第一次在华阴县采访时，曾来到华岳庙。那时寺庙破旧不堪，所幸因驻扎军队而未被红卫兵在"破四旧"时焚烧。庙内建筑有的改做兵营，有的改做仓库，整个庙院内被各种矮墙分割成若干隶属不同单位的领地，一派萧条冷落的景致。只有千年古柏枝叶茂密，显出一点儿生气。华岳庙的大门朝南，正对华山。庭院中有一座崩塌的残碑底座，托着半截已不成形的石碑。原碑高 10 米，宽 4 米，厚 1.6 米，是李世民手书的华岳碑，相传为天下第一巨碑。

巨碑是被农民起义军领袖黄巢毁掉的，他采取的办法是汉代人为修栈道打隧洞而发明的"火烧水激法"。现存的残座上留有武士、仕女图案，周围散落的残碑石块上隐约可见李世民的手书真迹。

我们看到，欧洲的古代建筑至今保留着较完整的大形，而中国的古代建筑绝大部分早已化为乌有。究其原因，除了所选用的建材质地不同（石材耐久，土木易损）外，另一个重要原因就是造反者的仇恨心理、目光狭隘以及避邪躲灾等封建意识。所谓推动中国社会发展的农民起义，实际上是中国封建社会反复轮回的润滑剂。它们带给古代建筑和传统文化的只能是像阿房宫三月有余的大火，唐殿宋城的彻底倾覆。

华山是中国的五岳之一，是著名的奇险之山。20世纪70年代，我曾有过一月四登华山的纪录，那是为了拍摄华山的日出、云海和雾凇。当时"文革"刚结束不久，山上没有旅游设施，不能久留守候。后来与华山气象站混熟了，他们为我提供食宿方便，使我少跑许多冤枉路。那个时代的摄影观是"三突出"，即突出正面人物、突出英雄人物、突出主要英雄人物。风光摄影也是这样，华山是传统的名山，当然要被当作"英雄"加以突出和张扬。记得有位摄影家为达到突出的目的，曾砍掉南峰上高挺劲拔的双子松之一，使之成为不影响拍照的孤松。以后这棵松连同陡峭的西峰成为华山的标志。还有位摄影家从北峰砍下桃树，插在高达2200米的南峰作前景，美化自己的作品。起初我上华山也是为拍摄名山大川的，谁知一头扎进华山气象站，与人打起交道来。我首先报道了这个长年坚守山顶、过着道士般日子的气象工作者。我的《华山气象站》等摄影作品从1976年至1978年，连续三年入选全国摄影艺术展览。

常言道：华山自古一条路。其实上了华山才会知道，华山本没有路。无论千尺幢、百尺峡、擦耳崖、鸡上架，还是天梯、苍龙岭、鹞子翻身，都是人工开凿的，大自然只不过为人提供了一个可凿路的前提条件。陕西作家方英文曾为华山题字道"路在高处"，使我悟出，路也是分层次的，比起平地的路，华山的路不知高出了多少个层次。

20世纪70年代登华山的那条唯一的小道是敞开的、免费的。换句话说，华山是无人管理的。山上除了西峰设立气象站外，其余各峰建筑因种种原因大都损坏倒塌。尤其北峰最为明显，立在峭壁上的庙墙像一座残碑向人们昭示着久远的故事。"文革"中被迫还俗的道士，三三两两陆续回山，寻找和搭建自己的食宿地。进入20世纪80年代，旅游业初兴，进山的门票仅2角钱。直到90年代，山上山下才大兴土木，兴建楼台馆所，增添服务设施，架起上山缆车。2013年，另一条上山缆车从华山西边瓮峪直攀西峰，颇为险峻。一时间，华山成为旅游热点，逢年过节更是人满为患，进山门票猛涨至百元。由于人满为患，10多年来，挤伤、死人事件多次发生，华山还出现严重的环境污染。好在这种现象持续时间不长，有关部门加强管理，人们也有了安全意识和环保意识，许多志愿者主动上山清除污染，保护了华山的自然风貌。

太白山是秦岭的主峰，海拔3767.2米，唐代大诗人李白形容它"举手可近月，前行若无山"。此后，杜甫、白居易、苏轼、于右任等历史上许多文人墨客登临绝顶，引吭高歌。尤其是当代文化人周至县县志主编王安全为太白山出版了专著。一时间，太白山又成为备受中外探险家和旅游家青睐之地。

我首次上太白山是1977年8月。因受陕西省林业厅委托拍摄与编辑林业画册，我和林业厅同行们一起，背着沉重的摄影器材从眉县汤峪步行上山。记得那时"文化大革命"刚刚结束，大家生活还十分清贫，西安市民缺油少肉，每人每月40%的粗粮。从西安出发时我经过申请、开证明，从粮店领了30斤粮票，准备出差费用。谁知上山以后，整日钻在茂密的丛林中，杳无人烟，哪里有村落和食店！有一天我走得又渴又饿，浑身上下被汗水浸透，双腿像灌入铅粉，实在挪不动了，突然发现前方密林中隐藏着一座小庙，走进一看，令人喜出望外。只见那供桌上放着两个干裂了口子的馒头，供奉的神像却早无踪影，神座上只搭了一片红布。我想，反正神仙不知何处去了，救人一命，胜造七级浮屠，就悄悄拿了一个干馒头，躲在庙后的小溪旁就着泉水啃起来。虽然馒头已有浓烈的霉味，可饿极了的我仍觉得十分香甜。吃罢，从不迷信的我回到庙内，对着那片红布作揖，心说："请大仙原谅本人不敬，吃了供果。"

　　太白山气候呈垂直变化，山下还是盛夏，山上却已经白雪皑皑。"太白积雪六月天"，自古以来被称作关中八景之一。从山麓到山巅可明显看到不同变化的自然景观。森林植被被划分为侧柏林带、松栎混交林带、桦木林带、冷杉林带、落叶松林带和高山灌木林带6种不同景观。从山下到山上，一两天内便可阅尽春夏秋冬四季景致。

　　大概由于气候变暖的缘故，我在太白山顶的拔仙台并没有见到积雪。拔仙台四周全是白花花的碎石，没有一丝草木。那座祭仙用的木板结构的寺庙，经过长期的风雨剥蚀，也变成灰白色。雨雾蒙蒙中一位年纪四十开外的道士从木板房中走出来，招呼我们进庙。听口音，道士像岐山一带人。庙内烟气弥漫，光线很暗，一口黑锅从梁上吊下来，火苗在锅下跳蹿。我发现柴火竟是从木板房的地板上拆下来的。在山上烧水，80摄氏度就开了，面条煮不熟，只好打面糊糊吃。我问道士："上山的人多不多？"道士说："平时没有人上山，赶上有庙会时，才有信徒和求神祛病者上来。"我又问："山路旁为什么丢弃那么多衣服裤子？"道士说："按神的旨意那样做就使疾病脱身了。"

下山时，我们选择了太白山南坡的小路。当走到周至县厚畛子境内时，突然眼前树冠倾斜，似狂风大作，随着阵阵尖厉的鸣叫，一片彩云飘忽而来。原来是一群身闪金光的猴子飞掠于树冠枝杈间，足有200多只。"快看，是金丝猴！"一听人声，胆小的猴子们凭着自身的灵巧和树枝的弹性飞跳逃窜，瞬时无影无踪。金丝猴群过后，无数枝叶伴随猴粪猴尿从天上而降，撒了我们一身。

这一年的冬天，为拍摄大熊猫，我和林业厅的武士堂在雍严格带领下，来到秦岭深处佛坪县的三官庙。农民出身的雍严格，如今是全国著名的大熊猫专家，2004年中央电视台为他制作了两集专题片。30年后，再见他时，我们谈论最多的还是当年追寻大熊猫的情景。记得那年冬天，三官庙的雪很大，在布满积雪的森林中，我们接连寻找了3天。就在十分失望的情况下，第四天上午10时左右，我们发现了熊猫的粪便和被风雪弄模糊了的脚印。这使我们非常振奋，下决心沿着脚印追拍这只国宝。大约12时左右，我们发现脚印越来越清晰。突然，走在前边的雍严格，在离我10米的地方指着一堆形若松子的遗物大声喊道：

"快看，这是新粪便。"我赶上前去，用拐棍敲了一下，那粪团竟然散开了。老武也赶过来，弯腰用手指摸了一下说："没冻，还有余温。"顿时大家精神大振，向前追去。翻下一道山梁，雍严格又发现一堆粪便，竟然还冒着几丝热气。本来万分激动的他，用手上下摆了几摆，示意我们不要出声。就在这时，随着沙沙的响声，一只憨态可掬、黑白相间的大熊猫，远远地从夹杂着干黄枝叶的枯林中钻了出来。我顾不得老武劝阻，踏着积雪疯也似的向熊猫滑去。熊猫听到声响，警觉而快速地向山下的林中窜动，我们紧追不舍。别看熊猫平时显得十分笨拙，钻灌木林却很神速。追得我们浑身出汗，满头直冒热气，却怎么也近它不得。那时，我使用的是 120 双镜头反光相机，没有长焦镜头，总想靠近了再按快门。谁知一条河沟挡住了我们的去路，眼睁睁看着熊猫一摇一摆进了对面的丛林中。这次拍照虽然不成功，但《文汇报》还是于当年 12 月 28 日发表了我的报道。

1992 年 7 月，我又一次随周至县考察团上太白山，不但拍了大量照片，而且还摄制了一部取名为《推开闺扉人共识》的电视片。我的几篇考察日记和部分照片也被周至县志主编王安全收进他的《太白山》一书中。

就在这次考察的归途中，我们专程去了秦岭山中早已被废弃的老县城。

老县城即古时的佛坪县城，位于胥水河旁。清朝咸丰年间建城，道光五年（1852 年）重修，民国十三年（1924 年）最后一任县长被土匪杀死后，老县城就衰落了，70 多年来已成为被人遗忘的角落。然而，老县城那浑厚的石质城墙，巧夺天工的柱础石，亭亭玉立的汉白玉石碑，精雕细刻的焚纸炉，东倒西歪的佛像，无不显示着老县城昔日的繁华与光彩。当我们随着狗叫声，迎着阵阵农家炊烟的清香，走近低矮的城门洞时，在残损的城门上，小伙子正架着梯子，把鲜红的对联贴在岁月已久的砖墙上："朝雨为您洗尘，晚风给咱宽心。"横批是："久已盼望。"

记得1990年我首次来到老县城，孙村长给我端上香甜的红豆粥、白面饼和难得一尝的土蜂蜜。晚上天凉，半夜里他亲自给我插上电褥。白天，他陪我转遍了老县城的城墙、文庙、县衙、监狱、关帝庙等遗址。他指着胥水河北岸的丛林说："年初这里来了一群金丝猴，足有300只，一住就是10天。"他又说："前年冬天，村上来了只大熊猫，家家户户没有人碰它一下，可爱的家伙，吃饱食物大摇大摆走了。"他接着说："这几年羚牛也多起来，群众保护它，可它却总伤人。尤其春夏之交常常发生羚牛窜入农家伤人伤畜事件。"他还说："胥水河有细鳞鲑，老百姓叫花鱼，是极珍贵的水生动物，全国只有两条河出产这鱼类。古时这种鱼是献给皇帝的贡品，现为国家级保护动物。"他最后说："尽管这里遍地都是宝，可因这里远离县城，交通不便，全村180多人都盼望着政府早日开发这里。"

10年以后，随着陕西作家叶广芩《老县城》一书的问世，老县城受到越来越多有识之士的关注。画家万鼎还在老县城购地修建了偌大的别墅，政府投巨资修通了去老县城的公路。终于，老县城人迎来"久已盼望"的大开发。

秦岭横贯关中东西，与南北走向的黄河形成坐标，从而确立了关中在中华版图上的位置。

20世纪90年代远眺秦岭，还可见远山顶上的积雪（太白县） 1991年摄

远眺秦岭三公山（华阴县） 1984 年摄

秦岭北坡的公王岭蓝田猿人遗址（蓝田县）　1985年摄

华山百尺峡（华阴县） 1971 年摄

太白山风形松（周至县）　1992 年摄

太白山顶的石阵，神话故事中封神之地（周至县） 1992年摄

顽皮可爱的小金丝猴（周至县） 2004年王磊摄

生活在秦岭佛坪自然保护区的大熊猫（佛坪县） 1977 年摄

察看大熊猫踪迹（佛坪县） 1977 年摄

秦岭野生羚牛（柞水县） 1977 年摄

太白山上塑有诸神的小庙（周至县）　1977 年摄

科研人员在太白山发现羚牛尸骨（眉县） 1991 年摄

科考工作者收集标本（眉县） 1977 年摄

华山气象站（华阴县）　1977 年摄

拔仙台上的木制庙宇和铸铁神龛（周至县）　1977 年摄

太白山石海中的木屋（周至县）　1992年摄

云涌华山（华阴县） 1984 年摄

秦岭被誉为西安的后花园、天然氧吧（眉县） 1992年摄

复原的蓝田猿人形象 2009 年摄

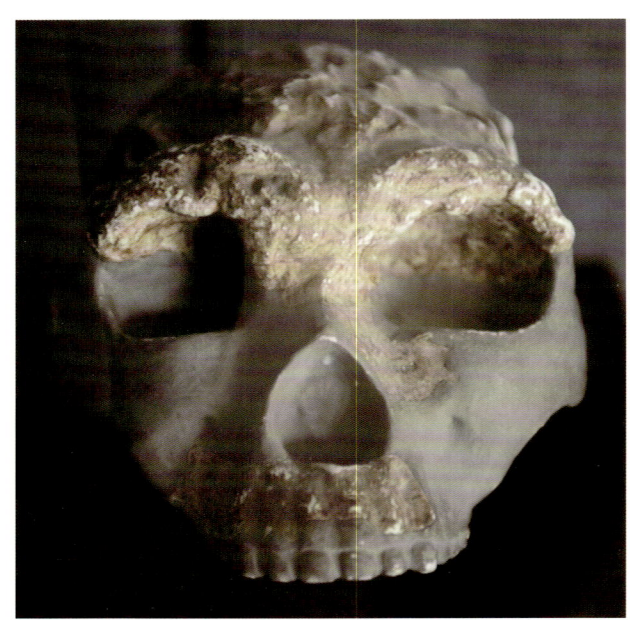

1964 年在公王岭发现的蓝田猿人头骨 2009 年摄

20世纪70年代秦岭山区多生多育是普遍现象（户县） 1974年摄

帝陵

秦中自古埋皇上。从西周至唐的 1100 年里，先后有 13 个王朝在西安建都。72 位皇帝死后埋在渭河两岸的黄土地中，形成蔚为壮观的帝陵群，其中尤以秦、汉和唐陵规模最恢宏，遗存最丰富。

咸阳原和北山山系埋葬着汉唐 30 位帝王

打开关中地区文物古迹分布图，我们可以清楚看见，紧围着咸阳原从西向东，排列着汉武帝茂陵、昭帝平陵、成帝延陵、平帝康陵、元帝渭陵、哀帝义陵、惠帝安陵、高祖长陵、景帝阳陵，在西安的白鹿原上有文帝霸陵以及宣帝杜陵。当我们把视线投放得再高些、再远些，即可发现整个渭北原上从西向东蜿蜒着陇山、千山、岐山、梁山、九嵕山、嵯峨山、尧山等统称北山的山系。在这些山下，依次建有唐代的乾陵、靖陵、昭陵、建陵、贞陵、崇陵、庄陵、端陵、献陵、元陵、定陵、章陵、简陵、桥陵、景陵、光陵、泰陵、丰陵。当然还有临潼的秦始皇陵、宝鸡的炎帝陵，以及远在陕北的黄帝陵。这些集权者们生前随心所欲地支配所能支配的一切自然资源，包括芸芸众生，死后又占据关中风水宝地，留下文物遗存。在埋葬他们尸骨的陵墓中，留下了由百姓众生孕育和创造的体现人类文明进程的文化遗产。而华夏文明直接与真正的孕育者——千千万万的百姓众生，却早已化作尘埃，渺无踪影了。

西周推崇"不封不树"，秦始皇首开大造陵墓之风

虽说西周在西安这块土地上首开建立国都的先河，地下遗存与文物堪称国宝，但就陵墓而言，由于

西周推崇"不封不树"习俗，因此，至今除在丰镐地域发现和挖掘了一些贵族墓葬群外，其帝王陵墓仍然是一个千古之谜。

秦始皇就不同了，他不愧为千古一帝。他统一中国后，都城不但规模宏大，死后的归宿地——陵墓也是世界上少有的。秦始皇从13岁当上皇帝的那天，就开始为自己营造坟墓。经过36年的专制统治，他不仅为中华民族留下了一部严酷的中央集权的历史，而且留下了一座丰碑般显赫的陵墓，以及威武浩荡的兵马俑军阵。我常常为古人的视死如归而感叹，在他们看来，生与死是一个整体过程。面对生而静，面对死而不惊。从历史文献中我们得知，秦始皇以后的历代帝王大都从登基便开始营造坟墓，把自己的死看得崇高而伟大，似乎其生就是为了壮丽的一死。于是，中国大地上有了数不清的陵墓坟冢，于是一座座陵冢成了中国政治、历史、文化的博物馆。

秦始皇帝陵位于西安以东36公里处的骊山脚下，夯土筑成。陵高47米，陵底长515米，宽485米。陵区布局分内城和外城，内城周长2525.4米，外城周长6294米，总面积为2平方千米。考古工作者曾在陵周围发现许多秦代建筑遗物，有门砧、柱础、瓦脊、石水道、陶水道以及直径约半米的大瓦当。遗憾的是，土木结构的古典建筑难以经受千年岁月的剥蚀和战火考验，一座座华丽的宫殿、陵寝都灰飞烟灭了。但是，被尘封地下、大都压成碎块的陶兵马俑却得以"安全"地保存下来。1974年3月，当时的临潼县西杨村农民打井时，发现了一颗陶制的古代人头。农民们一时吓得六神无主，不知怎么安顿这颗吉凶不明的物什。我的朋友，后来成为摄影家的侯登科正好路过。一农民顺手将一颗"人头"扔了过去，并说："带回去耍吧！"老侯接过"人头"仔细观看，潜意识中艺术家的素养告诉他，这是件不寻常的东西。于是，他从口袋里掏出一包"羊群"牌香烟扔给农民作为酬谢。然后，把"人头"夹在自行车后座上。田间的小径，坑坑洼洼，走了几步，那"人头"被颠下来。他捡起来再夹上，没走几步又被颠下来。老侯隐约感到了一点儿"凶"的成分的威胁，加上这东西不好携带，就扔还给农民，骑车匆匆离去。

说到"凶"气，20世纪80年代初，秦兵马俑馆刚建立不久，有一位21岁的青年，从馆内成功偷走了一颗俑头，并转运出陕西，后在上海机场被拦截。结果为一颗俑头，掉了三个真人头。

过去，在关中农民的意识里，墓穴中的东西都带有晦气，是不吉利之物，一般来说是不把它们带回家中的。而这样的"人头"对他们来说，从未见过，所以更加神秘而恐怖。一时间，这"人头"成为人们议论的话题。消息传到文管会，经过考古工作者勘测与试掘，3个大型俑坑被发现了，共出土7000多件陶俑、陶马、战车，以及铜车马、吴钩、弩机、铜殳、矛、镞、剑等实战兵器。这就是后来被誉为"世界第八大奇迹"的秦兵马俑。随着展馆的建成和开放，人们蜂拥而至。普通百姓、各国政要竞相观看，许多外国人更是认为"不到兵马俑，不算到中国"。如今每年来参观的游客达500多万人，带动了陕西乃至全国的旅游业。临潼人因为有了兵马俑而出名、而获利。他们不再认为古墓中的东西带有晦气了，他们不但爱起它们，想拥有它们，也有了保护它们和利用它们的意识。临潼人用自己握了一辈又一辈锄把的老手，做起精致的兵马俑复制品来。他们真不能想象，贫穷了2000多年，从来没人注意过自己，却因脚下出土了兵马俑而改变了世代生存的境遇。在他们的记忆中，秦始皇这样暴戾骄奢的帝王只能给人们带来徭役和死亡。的确，秦始皇在位30年，不是发动战争，就是修筑长城；不是盖宫殿，就是修陵墓。他那颗不能寂静平和的心，使他终生处于奔波好动之中，永远无法填满其"自比天高"的膨胀欲。他坐着由匠人潜心研制的金银车，由六马换驾，五次出巡，放飞那颗阿房宫也关不住的心。如今的临潼人认为，没有秦始皇的专横淫奢，就没有秦宫与帝陵的辉煌。应该感谢秦始皇，感谢自己的祖先，是他们为今天的临潼人埋下 2000 年后致富的机缘。

当然，西安城郊还有为秦灭六国统一华夏作了长期准备的秦庄襄王、秦昭王、秦孝文王等人的陵墓，但由于他们生前都是王而不是帝，因此，其墓葬规模无法与始皇相比。

汉墓多为覆斗形，其石雕是纯正的民族艺术

所有汉陵几乎都呈现出平顶覆斗形状，远望如座座削去尖顶的金字塔，显得庄严稳定。西汉 11 座皇陵，除文帝刘恒的霸陵在白鹿原、宣帝刘询的杜陵在鸿固原外，其余 9 陵成一字形排列在咸阳原上。汉陵外部用黄土筑成，高约 40 米，冢基边长 200 米。陵区布满各种建筑，豪华壮丽，规模宏大，从一个侧面显示着刘汉王朝的鼎盛强大。

距西安 40 公里的汉武帝茂陵，位于兴平市东北约 9 公里的窦马乡，是汉代帝陵中最大的一个。汉时的中国，盛行帝王厚葬制度，每年把国家收入的 1/3 赋税用作建陵与储藏殉葬品的开支。汉武帝即位后第二年，就开始为自己营造坟墓，直到 53 年后他死时，陵上的树已长得可以合抱。如今茂陵中陪葬的各种金银器皿、飞禽走兽、鱼龟海怪早被盗劫一空。唯有距武帝陵东北约 500 米的霍去病陪葬墓前的石刻还那么气势不凡、威风凛凛，象征着汉王朝强大的军势国力。

霍去病是汉武帝时一位杰出的青年军事家，18 岁时就统领军队，先后 6 次出征塞外抗击匈奴，屡建

战功，24 岁病故。武帝惋惜与悲痛他的早逝，把他葬在自己墓旁。为炫耀其战功，还在墓地封土上用天然石块堆成祁连山形状，并雕刻各种大型动物石像，作为冢上装饰，借以表彰霍去病在西域的辉煌战果。这批石雕共发现了 14 件，有马踏匈奴、怪兽吃羊、人与熊、跃马、卧马、牯牛、伏虎、野猪、石人、卧象以及蛙、蟾、鱼等。同时，还出土了两块刻字的巨石，上有"左司空"和"平原乐陵宿伯牙霍巨益"字样。这些石刻作品简洁、概括、浑厚、朴拙、粗放、含蓄，是中国石刻艺术中一座不可逾越的高峰。鲁迅先生曾给予它们极高的评价，认为它们体现了纯正的民族艺术风格。

1990 年夏天，修建西安国际机场汽车专用线时，在汉阳陵脚下挖出了神奇的汉代陶俑。这批陶俑与秦兵马俑迥然不同，清一色的男性裸体（据说，最初穿着衣服，后来衣物风化掉了）。他们身体修长，结构匀称，泛土红色。其五官各异，表情不一，呈现着鲜明的个性特征。尤其是那些男性的生殖器官，雕塑得精致逼真。以往，人们总认为中国绘画与雕塑只重神似，以写意为旨，而汉阳陵的这批埋藏了 2000 多年的全裸陶俑的出土，纠正了这种传统评论。古代制陶艺人同样讲究人体结构，注重细节刻画。更重要的是，在一个封建帝国，长期尊崇儒教传统的礼仪之邦，竟然出现如此众多的全裸泥塑，是特定的写实艺术风格使然，还是汉景帝开放的现实主义思想使然？如果其他的 8 陵有朝一日全部发掘，一切埋藏在咸阳原上的千古秘史将被揭示出来，我们数千年的政治思想史、文化艺术史、道德伦理史将会是怎样的状况呢？

李世民以山造陵，座座唐陵各有千秋

李唐王朝不仅把一个观念的中国带进历史鼎盛时期，而且把这个鼎盛的历史埋藏在渭北的高山原野

中。李世民以山建陵，用以显示自己的永久皇权与雄风。

陵墓对于中国帝王来说，是最后而永久的"家"，没有什么比家更重要的。因此，他们登基后的首要大事就是为自己勘探、选址，营造最后的家园，其中许多工作是由当时的知识分子完成的。虽然说伴君如伴虎，但传统的中国知识分子仍然喜欢为虎作伥。他们凭着继承过来的风水知识，加上自己的悟性，像现在的地质学家一样带着助手，踏遍渭北高原，把一座座面南坐北可雄踞远眺的山峰，确立为帝王未来的归宿地。昭陵的确定，就是两位古代知识分子共同创造的一个天衣无缝的神话。据说，李勘察看九嵕山时，在那里丢下一枚铜钱作为选址标示。魏徵选址时也看中了九嵕山，把发针插入地下后回京禀报。他们在李世民面前各抒己见，李世民听罢，亲自到现场察看。只见那发针端端正正地插入钱币的方孔中，于是龙颜大喜，决定把自己永远的归宿地定在九嵕山上。

在众多的唐陵中，李世民的昭陵规模最大，气势恢宏，整个九嵕山便是一座硕大的陵墓。陵正南山下开有朱雀门、献门以及宽阔的神道。周围167座小山峰是生前追随李世民征战沙场谋取政权的亲相爱将、夫人公主的陪葬墓，他们像众星拱月一样围绕在九嵕山周围。经考证，已知墓主人姓名的就有57座。在中国历史上，像李世民这样生前与臣将"义深舟楫"，死后还能埋在一起"荣辱与共"，实属罕见。与其他陵墓不同的是，昭陵北面山峰下开有祭坛、司马门，门内有14座拱手侍立的少数民族首领石像，以及各朝祭陵留下的石碑。遗憾的是，如今这些石像早已不见踪影，仅留下残缺不全的石座。石碑也大都七斜八歪，字迹模糊不清。

驰名中外的昭陵六骏石刻，最初就列置于司马门内的东西廊房中。"六骏"是李世民打天下时南征北战所骑的有战功的名马，为追念这6匹战马，李世民生前诏令雕刻，每匹石马还配有其亲自吟作的四句警语。

昭陵六骏是唐代石刻的经典作品，其中"飒露紫"和"拳毛騧"于1914年被美国人盗走，现存美国费城大学博物馆。1917年，美国人又将其余4方石刻敲碎装船，准备偷运出境。西安民众得知后纷纷起来抗争，最终将这四方石刻追回。经补缀黏合的四骏现藏陕西省博物馆，但都已伤痕累累，难复昔日完整雄姿。

2002年10月初，我陪《人民摄影》主编司苏实夫妇游昭陵时，正赶上考古人员挖掘司马门遗址。我看到两座被清理出的阙楼台基下部裹着青砖，约20米宽的神道，以及两旁的廊房地基均铺着唐、明、清三层石砖。考古人员告诉我们，上边两层分别是明、清修建司马门时铺垫的，最下一层是唐代的。我作了比较，明清的砖窄而小，唐砖宽而大且背面拓有印章或手印，那是为了日后一旦出现质量问题便于追查责任。据介绍，六骏之一的一条断腿和几个侍立酋长的残像已经发掘出来了。朱元璋登基3年后拜见昭陵的皇家石碑，这次也得以从掩埋了600多年的黄土中重见天日，在夕阳金风中泛着红光。

乾陵修建在西安西北80公里的乾县境内，是从未被盗过的保存最完好的唐陵。乾陵是大唐第三代皇帝李治与女皇武则天的合葬墓，位于乾县北部的梁山脚下。梁山有三峰，成为乾陵的天然门户。北峰最高，呈圆锥形，远看像一座天然的墓冢。南二峰较低，东西对峙，山头上各有土阙极像乳房，当地人称之为"奶头山"。走在通往乾陵的西兰公路上，向北望去，远远就可看见乾县县城以北五六公里处的乾陵。其整体形状恰似一个仰卧的女人，两乳房高高隆起，宽大的神道通向她的腹部，走在上边的游人显得极其微小，蚂蚁般爬在巨人宽大的腹胸上。这是一个奇妙的构思和伟大的设计，它与陵前那座无字碑一样，异曲同工地表现出中国历史上唯一女皇的气度和威严。

武则天用她的智慧、胆识和残酷的政治手腕，夺得了皇帝的宝座，改国号为周。在其数十年漫长的权力争斗中，武则天蔑视和挑战宗法观念，而当她即将走完人生之旅，临死时又不得不向强大顽固的宗法意识缴械投降，把权力还给李唐王朝。

乾陵的石刻有极高的历史文化价值和艺术审美价值。它的华表是八棱形，柱身雕有华丽的卷草图案，柱座刻有狮子等兽类形象；它的石刻中有长着翅膀的马，被称作飞龙马，也叫天马，寓意"天马行空，我行我素"；它的翁仲神情凝重，不可一世；61座宾王石像，记录着唐时西域各国俯首为臣的历史事实；它的陪葬者是武则天的儿子章怀太子、孙子懿德太子和孙女永泰公主，这三个短命者都是因为说了对武则天女皇不利的话被害死的。在争权夺利的政治斗争中连亲生骨肉都可以牺牲，其他持不同政见者的下场如何，则可想而知了。

唐陵中的壁画，有极高的艺术价值和考古价值。所有陵墓那长长的墓道，深深地斜伸墓宫，且须通过一道一道墓门。墓道拱形墙壁上描绘着墓主人生前各种活动，线条流畅，造型精准，生动飘逸，从一个侧面展现出唐代的生活方式、审美追求和社会风貌。不过，目前人们能看到的只是太子与公主的墓道壁画。真正帝王墓中的壁画，因至今没有开掘而无法看到。据说，昭陵、乾陵都未被盗掘，若真如此，那么王羲之的《兰亭序》真迹将是昭陵中最珍贵的艺术极品了。

在已经发掘的唐陪葬墓中，最令人吃惊的是墓宫顶端的盗洞。它们十分精确，不偏不斜地正中墓宫。可见盗贼是另一种勘探科学家，甚至是发明家。他们特制的盗墓工具被称为"洛阳铲"，后来被普遍用于地质勘探、建筑勘探等领域。

唐陵座座居高临下，依山临川。所有陵墓前均辟有百米宽的御道，也称神道。神道两旁立有石人、石马、石羊、石狮以及华表和石碑。其中昭陵以六骏闻名，乾陵以无字碑和61宾王像为最，而泰陵的鸵鸟、武则天母亲杨氏顺陵上的独角兽让京城人少见多怪。唐代石雕虽不比汉代石雕粗放、简洁，但也不失雄风大气。它们均分两行矗立在数百米长的陵前神道上，显耀着帝王的威严与神圣。

未开发的古陵保持着清新、自然的田园气息

虽说帝王陵墓几经古代知识分子精心挑选，被视为风水宝地，但毕竟是坟墓。它们远离都市，深入群山，避开良田，体现着古人朴素的环境意识。

1990年，我在拍摄《八百里秦川》专题时，开始注意散落在渭北高原上的帝陵。记得当时站在蒲城金粟山李隆基的泰陵上，放眼南望，褐色的土路在一望无际绿油油的麦田中蜿蜒曲伸。时值清明，不时有农人带着纸扎和供品寻找自家先祖的坟地扫墓。路旁石狮、石龟的底座也成了路人歇脚的地方。上了年纪的老太太头顶手帕，带着孙子孙女在麦田中寻挖荠菜。那种特有的安详、平和、清新、自然的田园气息，比起新修的乾陵、昭陵来，别有一番风韵。

金粟山整体像一只簸箕，仿佛要把天下的粟谷都收入自己的怀中。站在山顶俯视泰陵，宽50米，长500米的神道，以及神道两旁的翁仲和石狮石马与华表，增加了泰陵肃穆庄重的气氛。泰陵是千古风流皇帝李隆基亲自为自己选定的。据说，他当皇帝后每年清明必亲自去桥陵为父皇扫墓，路过金粟山时，常感叹这山气势不俗，有虎踞龙盘之态，遂定自己千古后的葬身地。

在泰陵陪葬着玄宗的妻子杨皇后和他最为贴心的知己高力士。高力士生在广州，活在陕西，死在湖南。高力士是一位颇有才华且忠诚的宦官，深受唐玄宗的赏识。他一生服侍过4位皇帝，死后被允许陪葬皇帝，

这在中国历史上绝无仅有的。而杨贵妃因背了"安史之乱"的黑锅，遭兵乱饮恨马嵬坡，被草草埋在泰陵以西 200 多公里的马嵬坡荒野中。

唐代第八位皇帝李亨的尸骨埋在位于礼泉县石马村的建陵。这是唐陵中石人石马保留最全最多的陵墓，也是这个拥有 50 余户人家的小村村名的来历。建陵的神道现已被雨水冲刷成一条南北走向宽约 400 米的深沟，石人石马每尊间隔约 25 米，分列在深沟的两旁。神道两旁的坡地上种满苹果树，所有石像全部隐没在果树中。2010 年以前，石马村的农民全都住土窑，大部分人不识字，没文化。村里仅存的 1 所小学，只有 1 间教室，1 位老师，1 间办公室兼卧室。老师叫张治学，他告诉我，全校共 9 名学生，分 6 个年级。集体在 1 个教室上课。他每天在这个教室里一边给不同年级的学生讲课，一边给听过课的学生布置作业。学生们竟然没有受到影响，学习成绩名列全乡第一。我问他们有关陵墓的事情，连老师在内都说不清陵墓的主人是谁，有多少石人石马，人头马头是谁打掉的。看来，在石马村没有人关心唐代的东西，唐代的东西与他们的现实生活没有关系，毕竟那个时代离他们太遥远了。

记得是一条乡村公路，把我带到富平县的虎头山下。山下有两个连在一起的村庄，一个叫陵前村，一个叫马坡村。两村交界处有一块破碎的石碑，上面有对虎头山的描述。大意是此山像只卧虎，气宇轩昂。我抬头望去，果然像石刻描写的那样，虽是卧虎，虎头却高扬。尤其是那灰白相间的石崖，形成一环环的石链，仿佛套在老虎的脖身上，这虎头山下就是埋葬唐顺宗的丰陵。李唐以山为陵，每山都与陵主人的观念形态相吻合，似乎渭北山岭就是为李唐皇帝作陵墓而生成的。古人推崇天人合一，在这里，每座山都成为人的观念的形象诠释。一棵古老而峥嵘的柿树把我带进农民张维贤家，整洁干净的家园印证着主人的勤劳干练。张维贤介绍说："丰陵占地 9 顷 18 亩，自古以来陵区农民不纳税。直到 1964 年社教运动后，我们才开始交公粮。"说着，他主动带我去看倒在田间的石刻。他指着残缺的石碑和华表告诉我："丰陵的石刻很粗糙，只刻大概的样子，但很有气势。"我们看见一尊断成三截的石碑，凄凉地躺在一片花椒地里，那是清朝陕西巡抚毕沅为丰陵立的石碑。丰陵南边陵界的树林中矗立着半截华表石柱，石柱从上至下有一条指宽的裂缝，张维贤说那是雷击所致。

初夏的田野一片葱绿，麦浪在轻风吹拂下此起彼伏。或藏在麦海中、或埋在黄土中的石人石兽，远离了险恶、喧嚣和浮躁，沉默着，孤寂着，消亡着。

岁月侵蚀、人为破坏，使大多数唐陵衰败没落

2002 年春天，我在泾阳县看到嵯峨山上的崇陵已是一片衰败景象。"文革"十年破四旧给唐陵带来的浩劫不算，侥幸留下的唐陵，由于近十年来当地人炸山取石，嵯峨山东西两端已被切割得像锯齿一样。虽然陵前神道依稀可辨，石人石马一字排列，但已残缺不全。在陵前，我碰到牧羊人李银柱和他的妻子赶羊归来。我问他们是不是守陵人的后裔，李银柱说："不是。"但他告诉我，沟东村有守陵人的后代。据说，当年守陵人吃皇粮俸禄，整日骑在马上，山上山下巡游，十分神气，当地人称他们为"陵户"。李银柱对我说，渭北山上地薄，石多雨少，农民生活极苦，至今仍住窑洞。我四下望去，果然没有房屋，稀稀落落的树阴下隐藏着关中少有的地沟窑。

崇陵所在的村子叫孟家沟，全村 20 多户人，家家住地窑，吃水靠地窖蓄雨水。我拍摄时，从山脚传

来隆隆的爆炸声，随声望去，山腰腾起一股股白色烟尘，待烟尘散去，崇陵西面的山体露出千疮百孔。我问当地农民，怎能随便开山炸石？他们说：自古以来靠山吃山。城里人大盖楼房，需要水泥、白灰，我们只能炸山取石了。

唐定陵位于富平县城北凤凰山下的三凤村。凤凰山自古出石材，其中墨玉为稀有的珍贵资源。走遍关中八百里，小到遍布渭北的拴马桩，大到唐陵上的华表、无字碑，以及陕西省博物馆80%以上的馆藏石刻，均为富平墨玉所造。而凤凰山下家家都是石材厂，人人都是巧石匠。定陵原有石刻50多件，其中也有件不亚于乾陵的无字碑。此碑虽然高大，却没有什么象征意义，陵主人李显也没有什么功德可颂，仅为装饰陵墓之物。定陵的石刻在20世纪50年代"大跃进"时就被砸掉了，无字碑也被当地农民镌成72个碾场的碌碡。

富平县庄里乡陵里村的元陵是人为破坏最严重的唐陵，现在只剩下两座长着荒草的土丘，那是当年陵园阙门的台基。据村民介绍，"文革"中元陵地面石雕几乎全被红卫兵砸毁。在陵里村，我看见一座座土砖结构的三层、二层楼房矗立在农居北边，所有楼房都没有了门窗。村民告诉我，这些楼房都是压延设备厂于1965年修建的，直到2000年厂子搬走了，留下这些废楼。在一座废楼的门口，我见到仅存地面的翁仲石像倒在泥土中。村民说："当年工人阶级带着学生娃把象征封建的石人石马当作牛鬼蛇神砸掉了，'文革'后期修大寨田时，砸掉的石像又被埋入泥土中。"时值秋雨过后，正赶上播种季节，在埋着大量石像的黄土地上，我看见农民们三五一群拉犁种麦。他们常常是丈夫扶犁，妻子儿女拉套，那情景很像回到了很久以前的农耕时代。我问他们为什么不用牛耕，回答说："养牛一年，用牛几天，不划算。"机械化更别想，一是穷，无钱雇机械；二是地太少，家家只有几分或一亩地，也用不上机械。千年来，农民和护陵人守着帝王的风水宝地，年复一年，辛勤耕作，最终未能实现富裕的愿望。他们无限感叹：帝王终究不会为着平民百姓的！

渭北高原黄土深厚，干旱缺雨，不能排除是帝王选定陵址的因素。这样的气候条件对当地贫困的平民百姓无疑是雪上加霜，包括那些吃俸禄的守陵人。千百年的守候，终于等来了经济腾飞的时代。城市建设点石成金，一夜间，唐陵四周的山石瞬间变为致富的财宝。新愚公们挖山不止，放炮取石。一座座山头，一面面山坡，被挖得千疮百孔，被炸得满目疮痍。真可谓国在山河破！当然我们不能指责祖祖辈辈期盼富裕的农民，靠山吃山、靠水吃水是历来的古训。然而，对这种开发性的毁坏，管理者不能坐视无睹！

5个石人头像换了2个真人头

自古以来，盗墓现象就十分猖獗，这也是关中大地历史遗存惨遭破坏的一个重要原因。当然从另一个角度看，事实上历代王孙公子的陵墓也养育了一批生灵，甚至促进了生产力的发展，洛阳铲的发明应该是一个例证。

由于盗墓猖獗，关中大地绝大多数古墓遭到浩劫。以往盗墓者看中的主要是墓中的金银首饰，后来的盗墓者，看金银首饰被盗光了，逐步转向瓦罐、雕像、壁画等有价值的文物。

如果说以往盗墓贼还是偷偷摸摸、提心吊胆地偷窃，那么进入到 20 世纪 80 年代，盗墓贼已是明火执仗地掠夺了。在富平县陵前村，埋葬唐顺宗李显的虎头山，微微隆起的虎鼻子被开了一个长方形的口子。农民张维贤告诉我说："那是盗墓贼挖的。他们开着汽车，拉着大型工具，常常半夜两三点行动，五点前结束。走后在挖开的口子旁丢下许多罐头盒、易拉罐和啤酒瓶。"

2002 年，我在三原县徐木乡拍摄唐穆宗李炎的端陵，时年 73 岁的樊启元老人告诉我说，端陵不知被人偷挖了多少次，好像那墓里有取不完的宝贝。"近年来，时不时有人用炸药炸墓。有一天，我与老伴在院子乘凉，突然一声巨响，把我们的窗户纸都震烂了。后来才知道一伙人把石人炸下来了，据说一个石人头可卖几十万元。事后，我还从地里拉回一块被他们丢下的石块，放在院子夏天坐着乘凉。"

位于三原县柴家窑村的唐敬宗李湛的庄陵是少有的平地起陵，虽然其气势不比以山造陵那样宏伟，但陵前石刻高大、精美，且保存得较为完整，一时引来盗墓贼的垂涎。1998 年的一天，一伙盗贼敲掉 5 个石人头，勾结香港的文物贩子变卖出国，成为轰动一时的国内外勾结走私文物案。幸好案件很快就被侦破了，其中 2 个主犯被判死刑。当地农民胡克文告诉我说："行刑那天，方圆数十里的人来到庄陵，眼看盗贼被击毙在被敲掉头的石像旁。"然而，尽管打击严厉，"利欲熏心的贼人仍十分猖獗，不久前又有人来放倒了仅存的两尊石像，盗走了'人头'"。

渭北高原不但有汉唐陵墓，还是藏龙卧虎之地

上文说过我拍摄崇陵时曾在李银柱家住过。李银柱的母亲叫魏培华，她说她的父亲叫魏止戈，曾当过杨虎城的警卫官（止戈，多有趣的名字，是否暗示着国共休争，共同抗日？）。杨虎城被害后，特务曾追杀过魏止戈，因有亲戚保护，加上魏从小练得一身好功夫而躲过一劫，没想到"文革"中被迫害致死。说着老人流下热泪，她希望有生之年能给父亲立一个碑，雪掉他的不白之冤。

同样在崇陵下的雒仵村，隐居着一位抗日名将——台儿庄战役敢死队队长仵德厚。抗战时，他参加过卢沟桥战役、台儿庄战役、武汉保卫战。1949年在太原战役中被解放军俘虏，20多年的牢狱生活结束后，等待他的是妻子的离世。从此，仵德厚隐没在雒仵村。94岁的老人开怀大度，谦逊厚道。无论人们怎样推崇称赞他是抗日名将，他总是说自己是一名战争的幸存者，比起为国捐躯的弟兄来已经十分走运了。

蒲城的北山上共有5座唐陵，在拍摄景陵时，我走进陵西300米处的一个古堡。完整的堡墙围拱着一个村庄，这村子叫赵家村。66岁的老人赵怀升告诉我，古堡是清代防"回回暴乱"而修建的，村中的许多地道至今保存完好。他说，著名的抗日英雄赵宝森就是这个村的。赵宝森祖上是清朝进士，民国时家境败落。赵宝森是电影《剑吼长城东》中鲍真的原型，时任冀东军区副司令员。1939年4月，他亲自活捉并处死了时任日军头目的天皇表弟赤本，一时震惊日本朝野。1942年2月，在一次反扫荡战斗中，他胸部中弹，壮烈牺牲。

走遍关中大地，到处是平平淡淡的村舍和普普通通的百姓，谁知其中处处都藏龙卧虎，令人绝对不敢藐视。

从西周至唐的 1100 年里，13 个封建王朝的帝王死后埋在这里，形成了蔚为壮观的帝陵群。

唐景陵石刻（蒲城县）　2006 年摄

唐建陵石马（礼泉县） 2010 年摄

唐献陵石虎（三原县）　2010 年摄

苹果园中的翁仲（礼泉县）　2000 年摄

唐崇陵石雕（泾阳县）　2001 年摄

远眺乾陵（乾县） 2002 年摄

风吹草低见华表（泾阳县） 2012 年摄

麦海中的唐靖陵石刻（乾县） 2008年摄

在乾陵石马上翻交交（乾县）　1982 年摄

在唐陵下收获（泾阳县） 2001 年摄

被打掉头的唐庄陵石像（三原县）　2007 年摄

帝陵前放羊的夫妻（泾阳县）　2001 年摄

唐陵前耕作的一家人（三原县）　2006 年摄

在帝陵前歇脚（蒲城县） 1998 年摄

在帝陵前拾麦穗（三原县） 1998 年摄

挖野菜的农妇（泾阳县） 2002年摄

唐陵鸵鸟石刻（蒲城县）　2012 年摄

倒在田野的唐陵石雕（蒲城县） 2012 年摄

夕阳下的唐陵（蒲城县） 2012 年摄

被笼起来保护的唐陵石刻（泾阳县）　2013 年摄

飞机飞过唐顺陵（咸阳市） 2008 年摄

修复中的秦兵马俑（临潼区） 1996 年摄

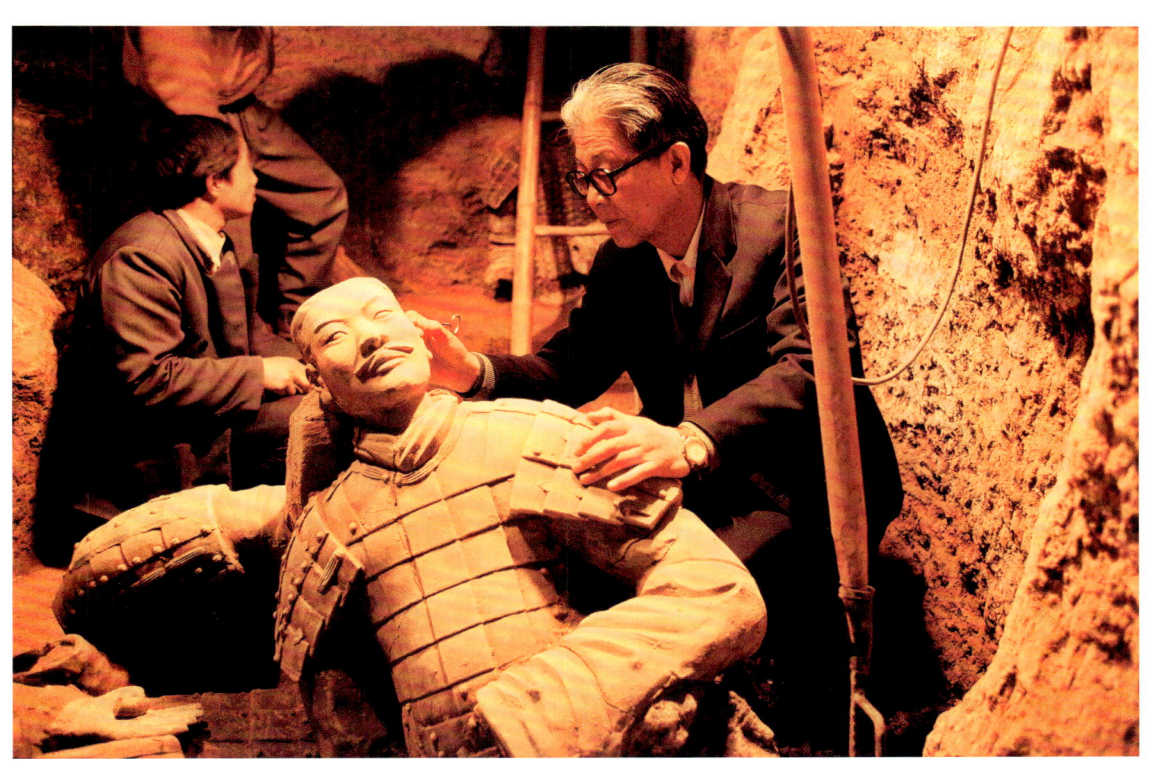

被称为秦俑之父的袁仲一教授在考古现场（临潼区）　1996年摄

汉阳陵陶俑（咸阳市）　2004 年摄

汉阳陵武士俑（咸阳市） 2004 年摄

城市

在中国古代，城可说是兵营的别称，市指以物换物的地方。住在城市的人除少数奴仆、工匠外，大多数为军人和被称为"国人""君子"的官僚统治者以及有钱的商人。所谓城市，即军事设施和商业交易区的结合。穷苦奴隶、农民全部住在城外郊野之中，被称为"野人""小人"。城市集中了芸芸众生创造的所有财富，又是统治权力的中心。因此，城市成为各种利益集团和造反的奴隶、农民起义军争夺的主要目标，所谓的"历史文化名城"也就在数千年的你争我夺中形成了。

关中以西安为中心被分为东西两府。东府又以渭南为中心在周边建立了华县、潼关、蒲城、韩城等城市。西府则以宝鸡（古时指虢镇一带）为中心，四周建立有岐山、扶风、凤翔、千阳、陇县等县城。这些县城的名字通过《封神榜》《隋唐演义》《三国演义》等书籍和传统戏剧的传播早已家喻户晓，名闻天下。

西安

西安是举世瞩目的历史文化名城。古时，它不但是关中的核心，还是中国的核心。630 年以前西安名叫长安。长安在秦朝时只是咸阳的一个乡聚，因秦始皇的弟弟在那里被封为长安君而得名。因此，司马迁认为长安是咸阳的一部分。从实际地理位置看，秦都咸阳与汉城长安仅一河之隔，而秦阿房宫与汉长安城可以说是连在一起的。总之，无论咸阳还是长安，都曾经是中国的政治、经济、文化的中心，都曾经是世界性的大都市，都曾经有过无比辉煌的历史。

我曾经与友人在《四方城》画册中，用一幅幅照片从一个侧面再现了 20 世纪末西安的人文市井风貌。

后来，我又在《西安记忆》一书中，对这座现实的古城作了图文并茂的记述。我说，我称西安为"四方城"，四方城是农业文明追求稳定性的外在表现。因此，四方城是中国古代社会历史的象征。我的朋友赵良先生说："应该再加一句，四方城也是千百年来专制王权和等级森严的官僚体制的象征。"这个补充没错，看一看北京的紫禁城，我们真切地、极端物质化地感受到专制王权和与之相对应的等级体制。2000年前，秦始皇在阿房宫中把后人想要做的事情都做过了。自秦始皇以后的所有英雄豪杰，都未能跳出秦始皇设计的政体蓝图，他们充其量只是做了添砖加瓦的完善工作而已。

据史书记载，秦始皇灭六国后，曾把各国的宫殿一个个复制在咸阳城中。可以想见，这使咸阳变得何等丰富、宏伟与壮丽。很可惜的是，这些建筑都未经得起岁月与战火的考验。唐长安城规模更加恢宏，也没能留下来，只有大雁塔、小雁塔还映现着一些当年的气势。历史上西安市容的较大改变是在民国初期。当时，辛亥革命的领导人之一张凤翙照搬日式建筑格调，在东大街两边修建了木质结构的两层洋楼。以后其他大街陆续仿建，形成古朴的西安城市风貌。

20世纪90年代，老西安从根本上实现了壮丽的消亡。建筑材料革命性的改变，使传统土木建材被永远遗弃了。一个延续了数千年，典型地体现着农业文明的老西安，从关中大地上逐渐消失了，取而代之的，是一个虽然失去了民族地域特色但却是比较紧跟时代发展的新型城市。这对于贫穷了太久的西安人来说，是梦寐以求的，而对于人文学家和寻古而至的欧美游客则是一件憾事。

城市是人对自然地理气候适应和把握的结果，是人文形态的物质化体现，是社会生产力发展的标志。人类历史性的成果理应受到保护，人类现实性的创造更应受到尊重。我曾多次应邀在电视节目中谈过自己对西安这座现代化的古都的认识，我除了从史书中认知古代西安外，更重要的是亲自经历、目睹了西安60年的变化。我的总体结论是，西安的基调是灰色的。灰色是多种亮色的积淀，灰色是厚重的，灰色也是耐脏耐蚀耐看耐读的。

当我们从灰色的四方城中走出来，无论是通往咸阳国际机场的北经济开发区，还是南郊的大学城区，抑或西安高新技术开发区，都是以崭新时髦的身姿矗立在古老的四方城的周边。尽管这些建筑难免有不尽如人意之处，但它们却是西安彻底告别千年农业文明的标志。

在我的记忆中，60年来，西安人先后经历了拉风箱燃劈柴、烧煤饼、煤球以及蜂窝煤，进而使用天然气的过程；西安人经历了出门步行、驾牛车、乘卡车、骑自行车直到坐飞机、购买私家小汽车的过程；西安人经历了少油缺粮排队挤戏院的过程；西安人经历了上山下乡、回城失业、赚钱购房置家产的过程；西安人经历了从讴歌工厂黑烟是水墨画的大牡丹到治理各种污染而乏力的过程——我们看到，西安人从油毡棚、四合院走进单元楼，从泡馍馆走进麦当劳，从大澡堂走进桑拿房，从影剧院走进夜总会，从象棋摊走进高尔夫，从自在、闲散走进紧张、浮躁——总之，包容性极强而又集体健忘的西安人渴望现代化、追求现代化、享受现代化，而现代化却正在悄悄地把他们带进自己理想的反面。

现实的西安是一个拆的西安，建的西安，变的西安。

渭南

渭南早在公元前360年先秦时就设县制，是东府的中心，唐代杰出诗人白居易就诞生在这里。在渭南的华县还出过中兴大唐的名将郭子仪，他戎马一生，奋战 60 余载，身系大唐安危 20 余年，史书称他"权倾天下而朝不忌，功盖一世而主不疑"。渭南以北的大荔沙苑，东西长 80 公里，南北宽 30 公里，是关中门户的天然屏障。魏晋南北朝时，高欢进攻西魏，与宇文泰在沙苑决战。宇文泰命将士留辎重于渭南，仅带三天粮草北渡渭河，充分利用沙苑地形，伏兵作战，以少胜多。杀敌六千，俘虏七万，大获全胜。不但保住长安不失，而且夺取了东魏的十多座城池。从此东魏失掉优势，再也无力攻打关中。隋朝开国皇帝杨坚是渭南华阴县人，虽然杨坚采取阴谋杀戮的手段，篡夺北周帝位，自称隋王，但总算统一了全国，结束了长期的分裂动乱，使老百姓可以安居乐业、休养生息。

有趣的是，上边所提到的历史人物，大都是被史书称为"五胡"的少数民族。白居易出身龟兹胡人，宇文泰是羌人，杨坚则是拓跋鲜卑人。关中自古以来便是一块开化、兼容的大地，关中汉人又是一个极易同化胡人的民族。尽管魏晋南北朝的 360 余年间，各民族不断入主关中，以至于五胡已成为关中上层人口的多数。但当他们与关中汉族混居通婚融合后，很快就被先进而具有魅力的汉文化所征服。而那些不愿接受汉文化而极力维系自己独特习性的"反抗民族"，统统被赶到人烟稀少、贫困闭塞的山区了。

渭南是出大人物、干大事业的地方。在中国近代史上，渭南以北 56 公里的蒲城就出了这样两个人物。人们常说，陕西人的性格生、冷、硬、倔，这也是蒲城人的特征。正是这种性格使他们敢作敢为、顶天立地，尤其在民族危难、社稷沉浮的关键时刻更显英豪本色。1844 年，任清廷军机大臣的蒲城人王鼎，坚决反对议和投降，支持林则徐禁烟，抗击英军入侵。但他的主张受到议和派的攻击，得不到道光皇帝的采纳。在保林不成，议和声甚嚣尘上之际，王鼎以死相谏，自缢于圆明园。无独有偶，1936 年，当中华民族再次受到外族入侵，面临国破家亡时，蒲城人杨虎城联合张学良在西安发动兵谏，迫使蒋介石停止内战，抗日救亡。一个死谏，一个兵谏，最终他们都以满腔热血铺垫了中华民族复兴的道路。

距渭南82公里的潼关位于关中平原的最东端，扼守秦、晋、豫三省要冲。黄河在潼关原下接纳渭水后，欢快地吐出了被挤夹在秦晋峡谷中的闷气，展筋舒骨向东一拐，浩浩荡荡直奔大海。秦岭粗壮的尾巴横在黄河南岸，把河南、山西、陕西由此分成三省，使潼关成为北上东进的交通要地。

潼关城北临黄河，南依秦岭，东有禁沟，地势险峻，易守难攻。从秦代开始，历经汉、唐、明、清，为加强防守，从关城顺禁沟西沿到秦岭蒿岔峪口，修筑了12座烽火台并联结为城，俗称十二连城。十二连城旧址至今犹存，台墩宛在，高约7米，直径10米。潼关是历史名关，以险著称，有史以来发生在这里的可考战争多达40余次。唐末黄巢起义，突破潼关天险直捣长安；明末李自成在这里与官军进行过著名的南原大战；日本鬼子虽然船坚炮利，却未能突破潼关屏障，只好站在风陵渡边垂涎关中。

1992年，我与朋友考察渭河时，首次来到这著名的关城。关城建在禁沟与十二连城的北头，滔滔黄河三面环抱关城。据说，因黄河水直冲关城，百姓又称之为"冲关"，潼关称谓因此谐音而定，但也有说，是因黄河水整日冲击关城发出"潼潼"声响而得名。

潼关古城因地势顺山顺河建造，城墙蜿蜒盘伏在黄河边的土原上。一条深约30米仅容1人1车通行的黄土峡谷，连接着关城的东门。人行其间，仰望是悬崖峭壁一线天，俯看是滚滚黄河浪拍岸，真可谓一夫当关万夫莫开。潼关城墙原是用青砖砌裹的，可当时我们看到的关墙已是破落的断垣和黄土柱了。当我们从老县城一座座民房旁走过时，才发现那一块块留有枪伤箭痕的墙砖已被用来堆砌居民的家院和猪圈了。

城市是由金钱堆砌起来的，从改革开放初期到 1989 年，不到 10 年工夫，一个老潼关消失了，高楼林立的新潼关冒了出来。潼关有丰富的金矿，已建成的 9 个黄金选矿厂，每年出产黄金居全省之首。有钱了，招徕美女如云。霎时间歌厅舞厅餐馆饭店林立，县城陡然繁华起来。

20 世纪 80 年代的时候，久违的黄金矿石终于从秦岭深处放射出诱人的光芒。在相关政策感召下，一时间引来无数淘金者。金子与荣兴、败落、幸福、痛苦、生存、灭亡紧紧连在一起，演出了一幕幕潇洒而悲壮的人生活剧。

从潼关出发向东而后向南，一条长 10 多公里的简易公路把我带进排列着红楼绿瓦的小镇。玻璃门窗在寒林中时隐时现，简直像高级别墅或疗养院。这就是因黄金而出名的桐峪镇李家村，一个由最普通农民新居组成的 20 世纪 80 年代关中大地上的自然村。55 岁的金农杨富海大大咧咧地对我说："有了钱，就能使人活得旺起来！"他 17 岁参加工作，当供销社的职员，没多久赶上 1962 年的大饥荒，因吃不饱肚子退职回家务农。改革开放后，他凭着过去经商的经验和关中农民少有的精明，在政策允许的范围里几经折腾，终于靠淘金起家，发了起来。"靠山吃山，靠水吃水嘛！"他说："想当年，潼关的港口镇是全县最富裕的地方，不就是靠黄河吗？"当时，杨富海靠着横卧在自己面前默默无语的秦岭山石，挤进先富起来的行列。当他掏出大把大把钱币为乡亲办学、修路、盖敬老院时，当他一口一口猛吸红塔山牌香烟时，他地地道道、实实在在感悟到了秦岭山石的价值。

但是，黄金却使另一位走向深渊。潼关县原黄金局长上任两年后，大概因一时疏忽露了马脚，在洗金矿的水缸里结束了自己的生命。"其实他的问题不很大，最多一两万元。"杨富海对我说，"不值得死。

败了住几年大狱，出来重新干嘛！"在黄金面前穷怕了的人被坚决地异化了，走向人性与价值的反面，为金钱损伤身体进而丢掉性命的绝对不止黄金局局长一个人。

秦岭山下多柿树，时值深秋，金灿灿的柿果挂满枝头。尽管人流来来往往，但没有人向柿树多看一眼，更没有人像过去那样再为一个柿子与人发生纠缠不清的争吵。是黄金的诱惑使人看不上这蝇头小利呢，还是自然之果没有打上人类自我奋斗与创造的血汗印记，而失去了它的魅力与价值呢？反正这些果实随着阵阵寒风又回到滋养它们的土地中去了。

韩城

韩城是中国一座文化历史名城。夏商时以龙门代称，隋初置韩城县。龙门为神话传说中大禹治水疏导黄河所开，至今在黄河边有禹王庙遗迹。龙门自古是战略要地，唐初李渊起兵反隋，即由龙门过河攻入长安；明末李自成率军由龙门东渡黄河直取幽燕；抗战时，八路军也是从这里东渡黄河，深入敌后。最令韩城人骄傲的是，这块土地上孕育了中国最伟大的史学家司马迁。司马迁忍辱负重、发愤著述的《史记》是我国最早的纪传体通史，被鲁迅誉为"史家之绝唱，无韵之离骚"。

在韩城的南原上，有一条建于战国时代距今 2000 多年的魏长城遗址。战国时期，魏国有东西两条长城，东长城在今河南省郑州市附近，西长城在今陕西省关中东部。西长城南起华阴市华山玉泉院西北麓的朝元洞，依地势蜿蜒北上，经大荔、澄城、合阳直至韩城市东少梁黄河西岸，全长 150 多公里。魏长城上黑红相杂的夯土，依然坚硬无比，高达 5 米的墙头长满蒿草和野花。时值清明，扫墓祭祀的人们三三两两来到长城两边，点香烧纸，寄托哀思。只见那香灰随风飘荡，笼罩了厚达 8 米的城墙，遂又消失在蓝天绿野中。长期以来，历史文明与现实生存的碰撞，使魏长城经历着从伟岸壮观到迷失消亡的渐变。春风中，我看见座座死者的坟茔堆在 50 米内的长城禁区里，活着的人在这古老的长城上或挖渠排水，或修路行车。虽然立有国务院关于文物保护的石碑，魏长城仍然受到种种威胁，甚至破坏。

韩城保存着较为完整的民间古建筑和 140 余处庙宇奇观，其中尤以元代庙宇最为突出，这在国内实属罕见。而那些青砖灰瓦的四合院民居更是遍布城乡，数以千计。早在 20 世纪 80 年代，我就曾在《陕西日报》上对党家村民宅作过报道，1992 年我又在台湾的《大地地理》杂志上对党家村及解老寨的明清四合院作过更详细的介绍。党家村建在一块三面环沟，一面与平原接壤的方形台地上。听说在清咸丰年间，党家村人为抵御战乱和土匪，花了 18000 两白银买了这块地，修建了坚固的堡垒村寨。堡墙筑在方山陡壁上，一眼望不到顶，可能是中国最高的城墙。10 多米高的青石暗道顺势而上，直通寨中。堡门用铁皮包裹，十分坚固。城堡上方设有炮台，一有风吹草动，紧关堡门，任土匪兵患横行，对党家村也奈何不得。

我曾沿着顺地势铺成的青石暗道，走进堡内。只见整个村堡井井有条，家家户户门楼高悬，檐下枋板饰以花卉、人物、鸟兽等图案，居中书有"耕读第""进士第""中丞第""安乐居""积善居""平为福""和为贵"等字样。堡内有涝池、石井、排水沟，生产生活资料应有尽有，家家户户吃喝无虑。难怪党家村民居引起了中外建筑学家、人类学家的高度重视。

党家村、解老寨以及合阳县灵泉村的明清故宅，规划得十分整齐紧凑，建筑精致考究。这些民宅每户院落都有门楼、过厅、照壁、回廊、天井、正屋、偏房和前后院，总体上显现着悠久农业文明与特定的生产力发展水平。人常说关中十大怪，房子一边盖。可走进东府的广大村落，一边盖的房子很少见，到处是典型的关中大宅院。当然，这些大宅院细看起来也有规模大小之分，用材质量之分，做工粗细之分，说到底，就是贫富差异之分。由于年久失修，经历了百年风雨的古民宅渐渐残破坍塌，从而被新兴起的砖混结构的二层楼房所代替。从传统文化的意义上考虑，我曾为这些大宅院的消亡而遗憾。但从人们生存的角度理解，大宅院的消亡又是应该的、必然的。如若把两者结合起来，对大宅院有选择地加以人性化的保护和改造，也许是一种两全其美的做法。

宝鸡

宝鸡坐落在大散关脚下，是关中西部最大的城市。大散关是关中的西南大门，横卧在秦岭的大散岭上，是蜀道的咽喉。这里山连着山，峰靠着峰，山体庞大，峰陡如削。清姜河从海拔2500米的秦岭腹地发源而下，流经大散关，左冲右突，历尽曲折，汇入渭水。大散关虽然小如弹丸，但历史上却发生过70多次战争，埋下无数尸骨和兵器，可谓"铁马秋风大散关"！早在西周时期，通往今汉中褒城的褒斜故道就因幽王伐褒开通了，宝鸡成为镇守这条故道的北部重镇。先秦时，秦惠王利用"五丁开石牛道"之计占领蜀国，开通连接南北的蜀道。蜀道虽已开通，仍艰险无比，引来唐朝大诗人李白"蜀道难，难于上青天"的无限感叹。如今蜀道天险早已变通途，不仅有平整的公路，而且有日行千里的铁路。这一切，使宝鸡市成为贯穿我国东西南北交通的枢纽。

宝鸡的历史可追溯到远古的炎帝时代，已有5000多年。宝鸡城南的天台山上，至今留有炎帝的骨台寝殿、烧香台、太阳市（古代交易所）等一系列与炎帝有关的历史遗迹。

20 世纪 60 年代末，我被下放到宝鸡蟠溪农村接受贫下中农再教育，修大寨田。村上的姜大伯告诉我，说他们家族是正宗的炎帝后裔。炎帝姓姜，号神农氏。远古时，他率领的部族居住在清姜河畔。现在宝鸡市城南的姜城堡、神农庙、清姜河等，都与炎帝和姜姓不无关系。姜大伯告诉我，相传炎帝尝遍百草，发现五谷，发明医药，后来在鉴别一种草药时中毒身亡，被尊为农业之神、医药之神。后来，我在一些古籍中印证了姜大伯的说法。书中说炎帝确是古代中国西北部农业部族的首领，居住姜水，极善农耕。所率部族生产力相对发达，并长期与居住姬水由黄帝率领的游牧部族联姻。炎、黄二帝被尊为中华民族共同的人文初祖。

最让姜大伯自豪的，是姜姓部族的后人姜太公。姜太公 50 余年跪在蟠溪河边垂钓，无钩无饵，与其说钓鱼，不如说钓人。终于在他 70 岁时，周文王上钩了。两人一见如故，遂请出山。姜太公先帮助文王兴邦，又辅助武王进攻中原，一举消灭殷商，建立了西周王朝。宝鸡地区渭水以北、岐山以南的黄土台地被史学家称为周原，周原是我国古代周人和先秦的发祥地。20 世纪 70 年代中期，在扶风、岐山一带发现了大批周代遗址，其中岐山凤雏村的周宗庙遗址规模最大。它向世人宣布，3000 多年前周人已"俾立家室"，盖起房屋让人居住了。考古证明，西周房屋盖得特别讲究，大都像今天的四合院。尤其是王宫，虽为土墙木屋，但有高大的皋门、严整的应门和陶制的排水管道。

周是青铜器的故乡。据统计，历代出土的数千件周器，绝大部分出自这里，它们囊括了西周初期到晚期历代各种青铜器。其中有重达 153 公斤的大盂鼎，铸有 497 字的毛公鼎，铸有 284 字记载西周转让土地的裘卫四器，记载了文、武、成、康、昭、穆、恭七王业绩的墙盘书，记述武王伐纣时牧野大战的立簋等，都是无价的国宝。为此，宝鸡市建立了世界上收藏最丰富的青铜器博物馆，馆藏的 5 万件历史文物，向世人展示着昔日周人辉煌的业绩。

在人杰地灵的周原上，曾出过两个千古流芳的历史名人。一个是姜太公，另一个是周公。周公是文王的儿子，武王的弟弟。周公曾与姜太公一起帮助武王伐纣灭商，可谓周朝的开国元勋。不过，更令后人敬仰的是周公建立礼制与宗法的文治思想。孔子对周公就崇拜得五体投地，他常说自己"夜里梦见周公"，一旦不做周公梦，他就感到失措失落，惊慌不安。孔夫子信誓旦旦要"克己复礼"，他要复的礼就是周礼。他周游六国，四处讲学，唯独不敢进入关中，可见周公在中国古代思想界的威望和影响之大。

在周原的岐山县有座周公庙，庙建在三面环山的盆地上，南面直对秦岭主峰太白山。每年农历三月十五，周原乃至关中各地的百姓都来这里赶庙会。周公反对全靠刑罚治国，注重教化，采用分封制和宗法制治国，受到民众的爱戴与敬仰。

周公庙内除了供奉周公外，在沿山的其他建筑中，还塑有姜太公、昭公、后稷的彩像。有趣的是，送子观音的塑像不知什么时候也混于周公庙内，以至于许多不孕女子在公婆或丈夫带领下，趁庙会人多杂乱来到这里，朝拜"领"子。

宝鸡历史悠久，文化积淀丰厚，时有举世瞩目的发现。1987年4月，在素有"关中塔庙始祖"之称的法门寺宝塔地宫内，发现了人们关注和探索了上千年之久的佛教创始人释迦牟尼佛指舍利，以及唐代诸帝王所赐大量珍贵的皇家宝物。这是世界上唯一的佛指真身舍利，经鉴定，其中一枚是"真骨"，三枚是"影骨"。这一发现震动了全世界的考古界、学术界和佛教界。这不但是20世纪中国考古的大发现，也是人类文化奇迹的新发现。2002年4月，法门寺佛骨舍利赴台湾展示时，专机迎送，通街数十万信徒夹道跪拜，热泪飞溅，涕不成声。那场面，那情景，令人难以忘怀。

宝鸡古时又名陈仓。它东连西安，南通成都，西达兰州，北接银川，因而成为战略要地。早在公元前206年，刘邦采用韩信"明修栈道，暗度陈仓"的建议，一举夺取关中，为最终战胜项羽打下基础。

五丈原位于宝鸡东南棋盘山和渭水之间，是一座面积约12平方公里的突兀高地。234年，诸葛亮率10万蜀军从汉水出兵岐山，驻扎在五丈原。因过度劳累，病死军中，践行了他"鞠躬尽瘁，死而后已"的誓言。五丈原由此进入史册，历代文人墨客纷至沓来，建祠修庙，凭吊祭祀。在五丈原诸葛亮庙内，由岳飞书写的《前后出师表》碑文，充分表现出两位英杰的诚信与愚忠。

宝鸡悠久的人文历史积淀，培育出灿烂的民间艺术。无论是皮影剧还是木偶戏，无论是剪纸还是泥塑，无论是社火还是秦腔，都深深地吸引了我。令我意外与庆幸的是，虽经"十年文革"浩劫，曾被列入"四旧"的宝鸡民间艺术却顽强地留存下来。正是这些鲜活的民间文化艺术形态，把我的视点从那些极左的干瘪影像中吸引过来，使我意识到那些模式化的高大全、红光亮的"革命艺术"的无聊与有害。于是，从20世纪80年代初，宝鸡就成为我主要的拍摄地区。30多年坚持不懈，我拍摄了大量记录性照片。与此同时，孕育了我新的摄影观念。

凤翔六营村的胡深，是全国闻名的泥塑大师，他创作的彩牛、金鸡、花虎分别被中国邮票总公司采用，发行全国。而邰家保存的明代木版年画，成为极其宝贵的历史文化遗产。

记得1984年岁末，在乡间拍摄了一天的我，冒着风雪拖着疲惫的双腿返回凤翔县城。这时，店铺早已关门，街上没有行人。幸好西关十字的"服务楼"留有值班人员，登记后，我住进这家唯一坚持营业的旅社。我住的是三层一间并排放着10张床的大通铺，整个服务楼内只住了我一个旅客，显得空荡，却十分安静。我躺在床上，拿出克莱夫·贝尔的《艺术》静静看起来。窗外不时传来"咚咚"的鞭炮声，提示人们已进入除夕夜。大约晚上 10 时，回凤翔休年假的侯登科得知我住在县城的服务楼，提着一瓶西凤酒来看我。我俩喝着西凤酒畅谈中国摄影，兴头儿上，甚至提笔起草剖析极左摄影观念的文章，显示出那时年轻人特有的激情与责任感。这是一次很有意义与成果的交谈，不但出了两篇在全国摄影界产生强烈反响的文章——《现状与思考》《一面待树的旗帜》，商定了来年举办首届全国摄影美学研讨会的事宜，而且使我从此偏爱西凤酒，结束了以前从不喝酒的习惯。

凤翔是秦人早期的都城。秦人的先祖在殷商时居住在黄河下游，曾帮成汤打败夏桀。武王伐纣时，秦人不识时务，曾助纣为虐参加了殷商的反叛活动。失败后，被武王流放到关陇一带牧马。后因牧马有功始得秦亭封地。现在的甘肃天水旧名秦州，又有县名秦安，都与秦人有密切关系。秦人卧薪尝胆，经过长期艰苦奋斗，几经周折，不断东进，终于落脚凤翔。经过养精蓄锐，发展强大起来，最终建都咸阳，并且实现了吞并六国、统一天下的伟业。唐朝初年，在凤翔曾出土了秦人所制的 10 面石鼓。石鼓上刻着秦篆诗文，内容是描写秦人一次盛大的狩猎活动。这是存世最早的石刻文字。秦人以石材刻字记事，籍垂久远，是文化发展史上一个重大贡献，至今仍被人们沿用。这十面石鼓被历代君王视为国宝，随着国都迁徙而不断转移。

长期的采访拍摄使我感到，几千年的文明史都在凤翔的民间艺术中得以展现与传承，而凤翔人祖祖辈辈就生活在这样的民间艺术氛围中。提起凤翔一边盖的房子，花花绿绿的窗花，拙朴肃穆的门神，夸张诙谐的泥塑，唱遍历史的秦腔，尤其是以诚待人、毫不设防的父老乡亲，我会立即激动起来，我感到这才是我摄影之根的所在。

西安、宝鸡、渭南、咸阳都是中国古老的都市名城，与中国数千年的文明史息息相关。

西安城墙已有 600 多年的历史，是世界上至今保存最完整的古城墙　2007 年摄

位于宝鸡市的炎帝祠　1992 年摄

位于西安的丝路起点　1996 年摄

西安老城墙下的剃头担　1996 年摄

整修、点亮后的老城楼（西安市） 2006 年摄

整修前的老城东门楼（西安市） 1991 年摄

游览老城墙夜景（西安市）　2006 年摄

新建的大明宫丹凤门（西安市） 2010 年摄

唐大明宫遗址（西安市） 2008 年摄

新修建的钟鼓楼广场（西安市）　1998年摄

俯瞰西安古城　1999 年摄

传统的照相馆都变成了影楼（西安市）　2004 年摄

居民健身房（西安市） 1996 年摄

新式发廊代替了老式理发馆（西安市）　1996 年摄

时尚青年（西安市） 2004 年摄

挑战极限的车手（西安市）　1999 年摄

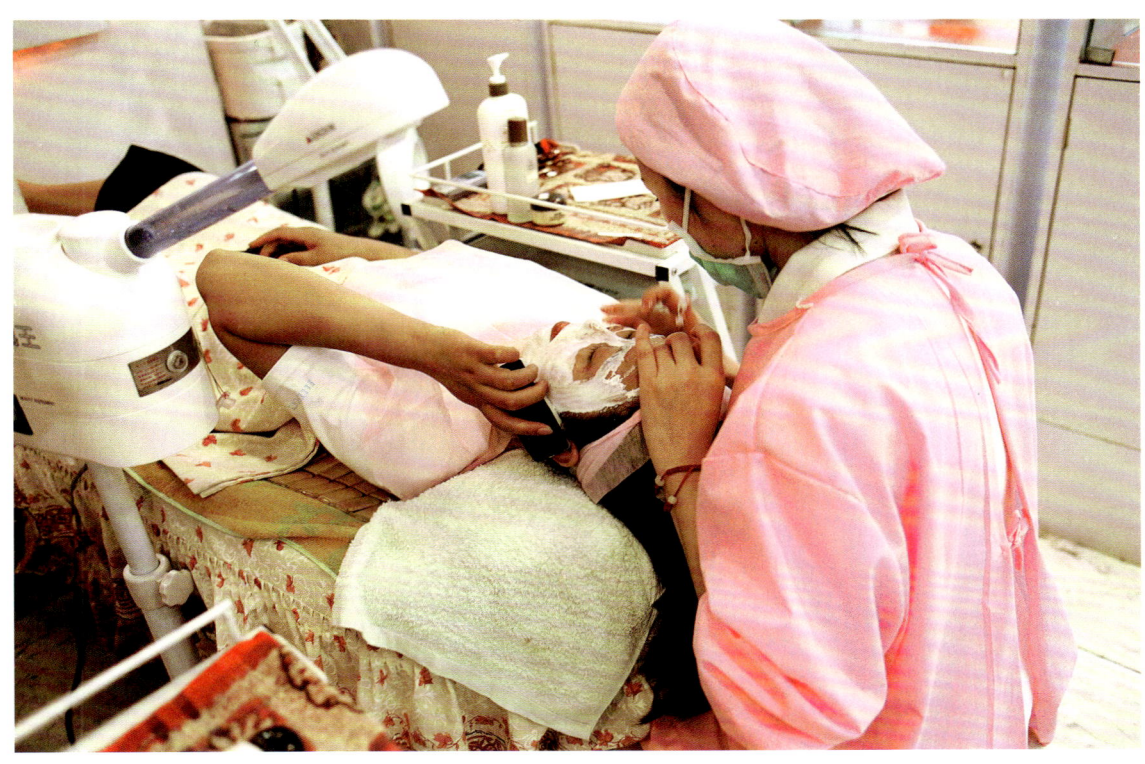

美容（西安市）　1998 年摄

夜总会（西安市） 1998年摄

城墙下的模特（西安市）　1998 年摄

酒吧里的青年（西安市） 2000 年摄

跳摇头舞的女孩（西安市）　2000 年摄

模特表演（西安市） 1998 年摄

穿松糕鞋的女孩（西安市） 1998 年摄

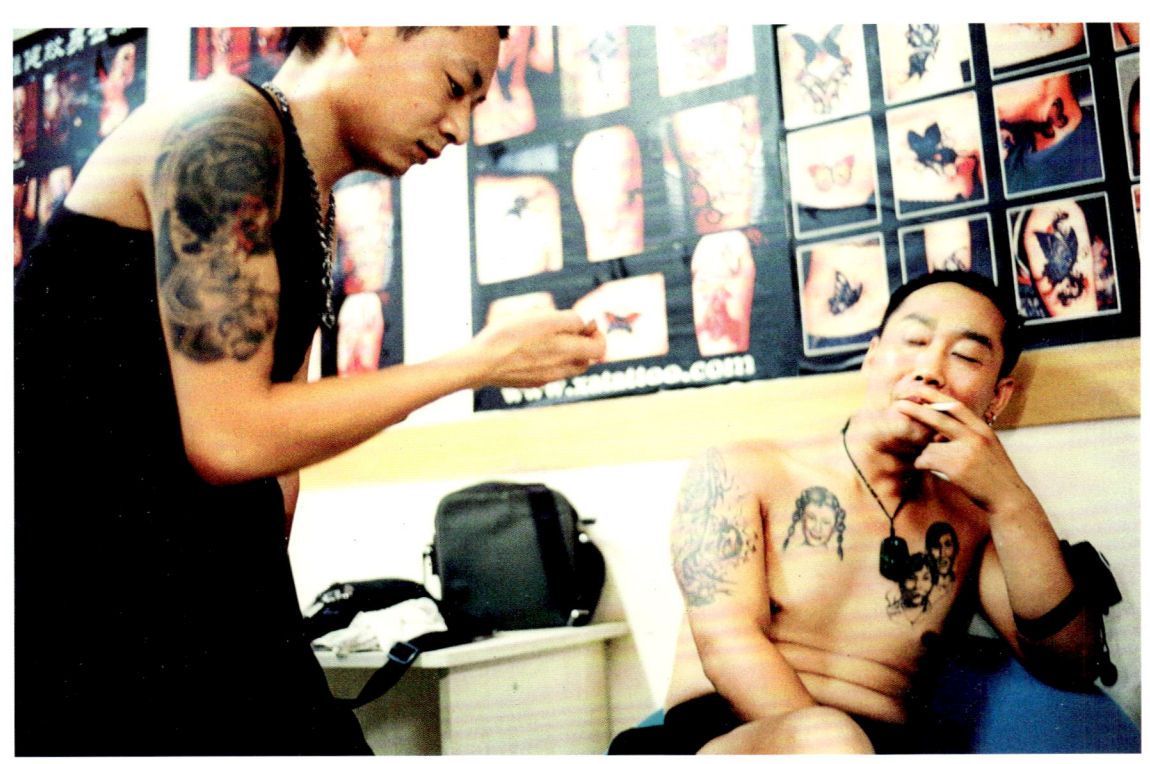

文身青年（西安市）　1997 年摄

千年鬼节（西安市） 2000 年摄

宝鸡渭河公园（宝鸡市）　2010 年摄

相传姜太公垂钓 50 年的宝鸡蟠溪河钓鱼台（宝鸡县） 1994 年摄

古香古色的韩城老街（韩城市）　1992年摄

韩城八路军东渡黄河纪念碑（韩城市）　1992 年摄

岐山县周原广场大鼎　2007 年摄

临潼西杨村农民烧制仿秦俑的作坊　1995 年摄

合阳莘野村冢家巷帝营墓前理线的农妇　1990 年摄

宝鸡环卫工自制的扫路机　2011 年摄

周公庙会（宝鸡县） 1988 年摄

猜灯谜（渭南市） 2014 年摄

民居

　　远在西周时代，关中人就开始住"四合院"。这在岐山凤雏村出土的占地 1500 平方米的房屋建筑遗址中得到了毋庸置疑的实证。1977 年 6 月《周原考古》第九期的报道称："房屋坐北朝南，整体布局很像后来在我国北方地区广泛流行的四合院，北屋、东屋、西屋和南屋都朝向里边的院子，形成一个封闭的空间。南边正中有影壁，绕过影壁是大门，进门即是前院。前院北边是大厅，大厅往北是后院，后院中间有过廊，过廊往北通后堂，前后院周围有回廊，东西两边是厢房。整个建筑以大门和过廊中线为中轴线，东西两边严格对称。这样完整的成组建筑，在我国商周考古历史上还是第一次发现。"而关中民居的建构一直沿袭了西周的模式，数千年几乎没有改变，所不同的大概只是房屋门窗及内部装饰更趋精细和考究。从现存的明清关中民居看，住如此规模宅院的大多为有钱有势的人家。一般老百姓的住房或减少了照壁，或减少了后院，或去掉青石门墩，或没有了花格门窗、灰砖雕刻，直至减到房子一边盖。所谓一边盖的房子，关中人称为厦子，即一种直角形土墙支撑的单檐斜坡房。此房单面门窗，背靠高墙，防风防尘；室内纵深浅，采光极好，冬暖夏凉。随着家庭人口增多，在已盖好的厦房对面，十分对称地再盖一排厦子。如果家境趋好，在两排厦房的后面盖起人字梁支撑的前后双檐斜坡房，前面再盖上堂皇的门房，就形成完整的四合院。这是关中人终身梦寐以求的愿望。

　　四合院式建筑是关中人不断认识自然、顺应自然、把握自然的产物，也是一个不断认识自己、顺应社会的产物。最初的四合院，所有房屋都面向里边的院子，形成一个封闭的空间，显然是为了防御野兽的侵袭。5000 年前西安半坡人的村落，就是用一条深沟抵御野兽的。而一家人围住在一个封闭的空间里，会增强亲情关系与宗族凝聚力。当人类社会发展到利益冲突、尔虞我诈时期，封闭式四合院更利于防盗贼与兵匪。在旬邑县的唐家大院，我见到四合院天井上边绷了细密的铁网，即便盗贼攀上房顶也无法冲破铁网落进院中。可见，关中四合院不但体现着关中人的创造力，同时体现着关中人固有的防范理念和顽强的生命意识。

随着中国封建社会等级制度和意识形态的日趋完善，四合院建筑也就打上了深刻的封建烙印。关中民居院落的特点是布局严谨，方正封闭，参差适度，对称和谐。厅房为供奉先祖与大型待客之用，厢房为起居之室。上房下屋，主次分明。正门、偏门、堂屋、厦房、前庭、后院严格规范了父子、妻妾、主客、男女的行走与活动范围。主客奴仆各行其道，伦理道德尽显其中。加上雕梁画栋的指令性图案、门前屋上的规定性饰物，俨然一幅儒教观念的明晰图解。至此，关中四合院早已超越了一般的实用生存的意义。

20世纪90年代以前，在关中部分黄土丘陵地带还有人住土窑。土窑分崖窑和地窑两种。崖窑一般因地就势，在天然土壁上开凿横洞，进深3至5米，宽4米，高2至3米，洞口筑一面墙安门留窗。有的还在窑外搭建房屋，组成院落。尽管窑洞冬暖夏凉，宜人居住，但现在已很少有人再住了。

地窑是在平地上向下开凿方形或长方形平面深坑，作为天井。然后沿坑壁向三面开挖窑洞，另一面开斜坡洞直通地面，形成一个地下四合院。院中除住窑外，还打有水井和渗井，以利于用水和排水，窑的门窗多为木雕花格，贴白色窗纸或透明玻璃，以利采光。炕灶多安排在窑口，深处储藏物品。地窑在过去更利于防狼、防盗、防风沙。进入21世纪，西北狼基本绝迹，窃贼也看不上住窑洞人家的什物，地窑唯有防风沙的功能凸显出来。现如今关中人大都搬出地窑，住进两层红砖青瓦的楼房中。

前人说过，建筑是艺术。建筑体现着人类的想象力、创造力，同时体现着人与自然的关系，还深深打着人的社会观念的印记，这些无论是在欧洲的罗马式建筑、哥特式建筑，还是在中国的宫殿、庙宇和四合院式建筑中，都体现得淋漓尽致。数千年的农业文明产生了与之相应的中国建筑，其最大特点是选择以土木为主要的建筑材料。因此，千年古国昔日的辉煌都因土木难经风霜雨火侵袭而消失得了无踪影。今天人们呼吁保护古建筑，正是从这种意义出发，想留下一些传统文化的遗存。

关中民居数千年来没有革命性的根本变化，几乎处于自生自灭状态。根据我的观察，关中农民祖祖辈辈盖房，始终沿袭着一条祖传不变的建筑模式。倒是"文革"后期，礼泉县烽火大队带头推倒了老式院落，盖起一排排带后院的砖木结构的二层楼房，因它强烈体现着那个时代要求大统一的特有政治观念，后来被人批评为"兵营式"民居，加之极不便于农民的生活，没有推广开来。但这是件极有影响的事情，引起了人们的关注和思考。有人曾著文发问：谁曾经为长期被遗忘的中国农民设计过经济实用的住宅呢？从 20 世纪 80 年代初至今的 30 多年间，我在采访中目睹了关中民居的两次大拆大建：一次是自古住平房的农民推倒了一边盖的草房木屋，住土窑的农民结束了穴居生活；第二次是 20 世纪 90 年代以后盖起了有钢筋水泥铝合金门窗的楼房，实现了中国农村民居的革命性变化。从这些尚缺少专业设计，还不尽如人意的民居建筑上，我们看到，只是从这时候起，关中农民才开始从自给自足的小农经济社会走入商品经济社会，关中农民才与中国一起开始进入真正的大工业时代。

关中四合院的历史可追溯至西周时代。关中的民居独具特色，体现着关中人顺应自然、顽强生存的人生哲学。

关中民居四合院（凤翔县）　1986年摄

韩城党家村明清时代完整的民居建筑群（韩城市） 1990 年摄

关中农村保留着许多防战乱和兵匪的古堡（韩城市） 1990 年摄

房子一边儿盖是关中民居最典型的特征（凤翔县）　1994 摄

合阳县灵泉村的民居高大雄伟　2000 年摄

农民盖新房上梁时要放鞭炮（岐山县） 1990 年摄

关中农村的火炕（大荔县）　2000 年摄

关中的农家窑洞（淳化县）　2011 年摄

烧火炕（凤翔县）　1994 年摄

老式地坑窑（泾阳县）　2005 年摄

改造后的地坑窑（淳化县）　2011 年摄

西安市尚勤路居民区　1996 年摄

改造前的西安民乐园民居　1996 年摄

习俗

关中是中国古代文明的摇篮，秦风、秦俗是关中的灵魂。关中有秦岭、秦川、秦椒、秦人、秦腔。关中的山河、蔬果、人文都离不了"秦"字。秦，原是周原以西的一个部族，姓嬴氏，善养马，被周孝王封于秦地，即现在甘肃天水一带。到春秋时，秦穆公开拓疆土，逐渐东移，占领了周的发祥地雍岐。他们带着戎狄牧骑的勇猛彪悍，如饥似渴地汲取西周农业文明的精华，形成了丰厚聪睿的秦文化，传颂于海内和域外。秦始皇统一中国虽然只有 10 多年时间，但自公元前 677 年秦德公初居雍城起，直到公元前 207 年秦灭亡的近 500 年间，秦的领地与影响不断扩大。尤其是秦人还修筑栈道，沟通了秦岭天险，通过四川、贵州、云南直接与印度等南亚、中亚诸国通商往来。据史书记载，汉武帝时张骞出使大夏（今阿富汗），见到了蜀布、邛竹杖。他问大夏人：物从何来？回答说：从身毒（印度）买来。现在世界各国称中国 China，是由古代印度梵文 cina、chinas 及阿拉伯文 cyn 演变而来，所谓古波斯人称中国为赛尼，古希伯来人称中国为希尼，它们都是"秦"的译音。古印度人称中国为震旦，震即秦，旦即斯坦，就是秦地的意思。可见秦当时在世界所产生的影响。后来，秦始皇横扫六合，统一天下，在关中咸阳建都，把秦风秦俗秦文化逐渐渗透到全国各地。

秦岭巍峨宏伟，黄土宽厚广袤，秦川汉子头大面宽，肉厚身沉，一个个恰似秦始皇陵出土的兵马俑。秦人禀性刚烈，说话生愣硬倔。不知情的外来人，初听往往误认为他们在吵架。常言道："南方才子北方将，陕西黄土埋帝王。"走遍关中各县，随处可见昔日皇陵及墓前的石狮石马石人石碑。千百年的粉墨登场，千百年的喧嚣闹腾，如今锣鼓声息，骨肉烟灭。坟冢前残缺斑驳的翁仲，眼看农民在帝胄陵寝前掘土锄地，也无可奈何。雄气尚存的石狮石马，只能成为路人歇脚吸烟的好坐骑。有学者说，在黄土中埋一粒种子可以长出草木，埋下这么多帝王，就能生出霸气。平日里，秦人斗嘴皮子，甲说："我养的鸡很大。"乙立即反唇相讥："你的鸡能套车驾辕？"秦川汉子不服人，心性不折不弯，这使他们缺乏必要的应酬与周旋的技巧而常常失利。

人们说，从黄帝开始的数千年中，帝王将相创造了历史，才子佳人孕育着文化。而关中老百姓却以独特有形的物质方式，把自己的文化保留在住宅、饮食、衣着与习俗中。

俗话说："百里不同风，十里不同俗。"由于地理、气候、经济发展、文化积淀、传统习惯的差异，关中人在吃穿住行、礼仪习俗上形成了自己独特的外在方式。最具有代表性的要算流传于民间的"关中十大怪"：

面条像裤带

关中盛产小麦，小麦养育了一代又一代关中人。关中人生产上的精耕细作，使他们在生活上也严谨缜密。他们能用面粉做成数十种食品，当然最喜爱的还是 biang biang 面。一根面条宽二三寸，长三尺有余，厚度与硬币相仿。算下来，一根面条至少也用去二两干面。过去关中人食肉少，基本不吃菜，主要靠面食养身，加上农活重，一顿饭吃上八两一斤面是常事。

辣椒当咸菜

中原人称辣子为秦椒，关中人则称之为线辣子。这种辣子长一拃许，细如纸烟，色红似枣。每到收获季节，农家前庭后院、房上树梢，到处挂着一串串红光油亮的秦椒，吸引不少中外摄影家咔嚓咔嚓拍个不停。关中人把熟干的秦椒焙干研细，盛入精小陶罐中，泼入烧热的菜油，常常与一碗醋、一碟盐相伴，端上炕桌就食。1984年春节，我在凤翔农村拍照时，看到一副门楹：常年四季面为主，一日三餐馍当先。横批是：小菜一碟。所谓小菜即盐、醋和油泼辣子。有人问：广东有粤菜，四川有川菜，江浙有淮扬菜，关中怎么没有名菜？关中人会说：这里自古帝王都，想吃什么各地就会献上来，哪里用我们去做！后来京华东迁，没人进贡了，关中人餐桌上就只剩下辣子做成菜了。当然这是个笑话，但过去关中绝大多数农民的生活一直是比较清苦的。在他们看来，只有面食与辣椒才是最好的食品，哪儿有吃大菜的奢望？近年来，虽然关中农民的饮食习惯有了较大改变，可种辣椒吃辣椒仍然是他们的爱好。2002年我在岐山县马江村采访时，当地老人李永亨告诉我，这几年村里出了不少以辣椒致富的专业户，收入都在百十万元，有的家中盖了高楼，把孩子培养成大学生，这是农家人过去不敢想的呀！

锅盔像锅盖

关中人用发酵好的面烙成厚两三寸的大饼，称"锅盔"。据说，锅盔是一种与军事有关的食品。相传唐高宗与武则天合修乾陵时征用数十万军队与徭役，常常为吃饭时间过长而耽误工期，军工因此受到惩罚。有一士兵急中生智，把酵面放进头盔里，用火烧烤，烙成干饼，解决了大军吃饭问题。当然可以想象，大军逃跑时，把锅盔背在身后还可以防箭，两三寸的厚饼到一定距离弓箭是难以射穿的。乾县的锅盔全省有名，大概就是从那时流传下来的。

锅盔一定要用酵面且硬，揉压颇费时力。耐心揉够一定时间，放入二尺铁锅中烙熟。起初锅要烧热，热度为手离锅底五寸即有灼热感。面入锅后需反复旋转，一两分钟后翻过另一面上焦。烙锅盔，麦秸火最适宜。需从锅底四周燃起，两面都上焦后，每隔三五分钟烧一把麦秸火加热，慢慢烙熟。这样的锅盔皮薄焦黄，外脆里酥，既好看好吃又能存放，是关中人最喜爱的吃食之一。

碗盆难分开

江浙人笑关中人的饭碗简直可以叫盆，关中人笑江浙人饭碗简直是酒盅。关中人喜欢用"老碗"（也叫"海碗"）吃饭，"老"与"海"都是"大"的意思。老碗是耀州宋窑烧制的口径1尺左右的白瓷青花大碗，如果没有碗底那一寸厚的碗把，很难说它不是一个瓷盆。盛满一老碗饭，没有手劲的人是端不动的，更不能持久端的。关中人吃饭喜欢聚在庄前村头，端着被油泼辣子染红的黏面，圪蹴在一起，边吃边谝（即聊天），当地叫"老碗会"。

泡馍大碗卖

"天下第一碗"是关中人对牛羊肉泡馍的嘉誉。其中一是说碗大，二是指食为上乘。走进馆子入座后，堂倌沏上热茶，端上死面饦饦馍。顾客掰馍、喝茶、叙谈，口手不闲。讲究的老吃家，掰出的馍块，粒如黄豆。厨师见了，绝不敢怠慢，一定下瓢单煮、武火急攻。并根据顾客要求，分别煮定为"口汤""干泡""水围城"等不同类型。端上桌的泡馍，会配以糖蒜、香菜、辣子酱。吃时用筷子沿着碗边向嘴中拨动，奇香宜人。

手帕头上戴

关中男女喜欢把毛巾或手帕戴在头上。男人以白色为主，时常把土布帕巾或针织毛巾顶在头上，在脑后打一个交叉结。女人则以黑色为主，把帕巾叠成四方形，直接顶在头上。黑白是消色，与任何颜色的衣服都能搭配，庄重沉稳。关中人选用黑白二色与他们潜在的审美习惯和自然环境相协调。近年来，年轻人有了很大变化，五颜六色的针织巾几乎完全代替了土布和黑色纱帕，戴法也各式各样。

房子一边盖

关中人传统住房都是黄土板筑厚厚的土墙，三四间的大堂屋是四椽结构，两边的厦房就成直角一坡形了。直角一坡形的厦房就是一边盖的房子。这种房子为土木结构，后背是 7 尺左右的土墙，墙上再用土坯垒至 1 丈 5 尺。前檐用砖石或土坯砌成，高约 1 丈，门窗一律安置在前面。两侧也用土坯砌成，不留窗口，俗称山洼。盖好后的房子为一边斜锯齿形，以土墙承受主要压力，不用大梁，节省木料，可谓因地制宜的一大创造。关中人把土坯称囵坩，它用湿土夯成，为长方形，晾干后坚硬无比，是农村的主要建筑材料。

姑娘不对外

关中黄土深厚，四季分明，五谷丰饶，温饱有余。优越的自然地理条件，造就了关中人固守本土的思维定势。男不远游，女不外嫁。问他们为什么，回答说，外边没有热炕、秦腔、西凤酒、油泼辣子、biang biang 面。若一定要嫁，必先施一重礼。眼下农村娶媳妇，少说也要花五六万元。因此，另有一说为"姑娘高价卖"。

不坐蹲起来

就像上炕有盘腿的功夫一样，关中男人有蹲功。村头的石碌上，墙后的阳坡里，随处可见身着清一色对襟衣大裆裤的汉子蹴在那里，或丢方，或下棋，或打牌，一蹴就是大半天。即便在当年西安的饭馆里，也可见一帮人脱着鞋、挽着袖、咬瓶盖、有凳不坐蹲起来。他们喝着酒、咥着面，就着辣子剥着蒜，自由畅快地边划拳边吃饭，那喊声能掀翻房顶。

唱戏吼起来

1924年夏天，在西安的绍兴人给鲁迅解说秦腔，说唱秦腔一要嘴大喉咙粗，二要注意保护耳膜。鲁迅看过秦腔后十分欣赏，在20天里看了5场秦腔戏，并为当时的秦腔剧团易俗社题写了"古调独弹"。秦腔声响腔圆，高昂激越，尤其是花脸演唱时脖上青筋暴突，声如虎啸，使人感到分明在吼，哪里是唱。但是，那高亢激越令人热血滚沸的吼声中，撕不开扯不断的是幽怨深沉的悲怆情怀和明世之理。

"关中十大怪"中仅吃就占了五怪，可见民以食为天多么普遍而深刻。谈到吃食，自然少不了关中人最喜爱的穰皮子。做穰皮子需有特制的炊具，名曰"穰锣"，是一种用白铁皮制成的平底带浅帮的圆形容器。蒸穰皮前，先将淀粉与蛋白质分离后，取2倍的水将淀粉稀释，和入面浆中，稀释程度以能用手勺扬起拉成线条为宜，再放入盐和少量的碱，然后舀入穰锣中，均匀摇平，越薄越好，最后把穰锣放入开水中加盖蒸四五分钟，即成荷叶般透明的穰皮。再把整张穰皮切成细条，配上用蛋白质做成的粗糙而多孔的面筋，加点豆芽、菠菜，再佐以芝麻酱、高粱醋、油泼辣子、蒜泥和芥末，吃一口光软筋滑的面皮，尝一块膨松粗韧的面筋，五味俱全，令人爽口生津。我奔波于关中大地采访拍照，就是这种食品给了我营养和力气，给了我启示和灵感。记得1998年大年三十，我还在凤翔拍照，奔波劳累了一天，黄昏时分拖着沉重的双腿和疲困的身躯回到县招待所。因放假，招待所什么吃的东西都没有了，幸好还有夜市，便买了两碗面皮，四两西凤酒。回到房间后，打了一盆热水，坐在沙发上，泡着双脚，喝着西凤酒，就着面皮，看着电视剧《水浒传》，个中滋味，别人是很难体会的。

饸饹

关中荞面饸饹也算一绝，与穰皮可谓姐妹食品。荞麦是适应高寒旱原地带生长的草本植物，种子红棕色，三棱卵圆形。李时珍总结说："荞麦最降气宽肠，故能炼肠胃渣滞，而治浊带泻痢腹痛上气之疾，气盛有湿热者宜之。"可见荞麦可入药，有消食、化积、止汗和消炎的功能。

荞面饸饹的制作是用水拌和荞面成面团，放进饸饹床子上压出丝状面条。饸饹床子架在锅台上，铁锅一头有一面盒，中有蜂窝状小孔，面团放入后，有一凸状圆木适好可塞进面盒，连在杠杆上，使劲下压杠杆，细长的饸饹从面盒里顺利挤压出来，直接入锅。稍煮片刻，打捞出来，即为半成品。食用时调以蒜汁、芥末、盐和香醋。关中饸饹以蓝田的苦荞饸饹最为有名，其色泽金黄，口味优美，惹得西安人常常驱车数十里为的是吃一碗新鲜的金线饸饹。

火炕

在关中农村，无论住平房还是住窑洞，人们都离不了火炕。火炕由土坯垒成，炕里至少有两个炕道，以便煨柴烧火。有的农家炕灶相连，做饭时余火、余热得以充分利用，保持火炕时常温热。火炕很大，几乎占掉半间室内面积。炕上铺草席，席上压一床与火炕大小相当的四方棉被。天黑了，一家人头对脚，脚对头，躲在棉被下，送走寒冷而阴湿的夜晚。炕也是农家人的"接待室"，客人来了，连忙招呼脱鞋上炕，围坐在一个一米见方的低矮炕桌上，递烟上茶。主妇便洗手和面，一会儿工夫，热腾腾的臊子面端上来，主客一饱方休。

火炕又是农家婴儿的摇篮。关中农民的炕角一般都有一尊石刻的小狮子或小老虎，一根红布绳，一头儿拴住石狮石虎，一头儿拴住幼儿。大人忙时，孩子自己在炕上爬来爬去，绝不会掉下炕去。尿炕了，也不怕。土炕吸水，热炕挥发，一会儿潮被、湿炕就干了。

花馍

热情、好客、友善体现在关中人的节日庆典红白喜事中。关中人的礼节很多，婚丧嫁娶，生子过寿，盖房乔迁都需礼尚往来，所带礼品少不了花馍。因此，花馍也叫礼馍。东府华阴、合阳、大荔、韩城一带的礼馍，造型丰富，做工精细，题材广泛，闻名于世。20世纪90年代初，华县曾在陕西美术馆和北京分别举办过花馍展览，使不少中外艺术家和民俗研究者为之震惊与赞叹。合阳县八鱼乡78岁的敬玉梅做了一辈子花馍，老人家对我说，她16岁开始跟婆婆学做花馍，60年中不知做了多少。她还说，做花馍是个细活，要有心，还要手巧。生面好做，可一上笼一蒸熟，弄不好就不是那么回事了。她给我介绍了做花馍的过程：首先要选上等精白细面，经和面、揉面、搓条、掐花等工序，细雕巧捏成花草虫鱼、飞禽走兽、楼台亭阁，再用红豆、大枣、辣椒等做点缀装饰，最后涂抹五颜六色，上笼蒸制。做一批艳丽、生动、美观的花馍，没有三五天时间不行。我是在八鱼乡阿寿村庙会上见到敬玉梅老人的，当时她正要把自己做好的花馍送给庙会主管。那是一套造型精致、十分大气的牌楼、宫殿式花馍，无论墙砖房瓦、飞檐斗拱、华表石狮都十分逼真，尤其是缠绕在石柱上的游龙，鳞爪清晰可辨，祥云悠悠能摸。虽然没有涂抹任何颜色，仍然不失宏伟肃穆神圣的风韵。

送花馍非常讲究受礼对象的年龄、身份、职业特点。老人过寿，送"寿桃"；看女儿，送"筐箩"；孙子孙女周岁送"狮子""老虎""砚台"；祭祖敬神献"子推"……总之，花馍不仅是物质，更是一种文化。

花馍不仅体现着民间百姓的人际情义、良好祝愿，更体现着他们的生命理念与人文意识。

在此顺便谈一下一种别具风味的食品——石子馍。石子馍是把面坯放在烧热的石子上，然后在面坯上再盖一层蚕豆大小的卵石烙制的。石子馍的历史可追溯到石器时代，到唐时演变成"石鏊饼"。据《资暇录》记载，石鏊饼本曰"谴饼"，是说耿直、刚强的关中大汉不受屈辱，常与官差发生口角，被抓去坐牢。为免坐牢时挨饿，自备此饼食用，故叫谴饼。虽说官府认为谴饼来历名声不好，但谴饼以硬香见长，经藏耐储，皇家硬要拿去做贡品以孝敬天子。

过年

历史悠久的文化沉淀，使关中的民风习俗古意盎然。尤其逢年过节，整个关中大地几乎变成传统风情的流动博物馆。

关中人与全中国人一样，崇尚过大年。阴历腊月二十三祭灶，整个八百里秦川鞭炮齐鸣，蓝烟袅袅。祭灶供奉的是各路神仙和列祖列宗，祭品是饴糖和花馍，其用意除了纪念还在"糊口"。正如民谣云："灶糖一盘茶一盏，打发灶君上青天。天宫见了玉帝面，不当言者切莫言。"看来，这才是报喜不报忧的浮夸不实之风在民间的文化根源。

打发了灶君，百姓们便无忧无虑随心所欲地热闹起来。在腊月的集市上，货架摆满街头，人群熙熙攘攘。真货假货走私货，真卖假卖拉托卖，各算各的账，各行各的事。最惹眼的是花花绿绿的窗花和红艳艳的楹联。尤其在西府的陇县、凤翔，街面上铺满窗花、裱纸、门神，把个原本灰暗少色的县城装点得色彩艳丽、春意盎然。窗花多为农家女自己绘制或剪刻，取材于狮虎龙凤、猪马牛羊、花草鱼虫以及农家自身生活故事。陇县的窗花更显得拙朴、典雅。主人常常把窗花贴在一块黑色底布上，使窗花更加突出，色彩更加明艳。赶集的山民身背新锅，手提笊篱来到窗花前，精心挑选一番，把买好的窗花、楹联连同年画卷在一起，插在棉帽的耳盖中，大步踏上回家的山路。

关中人于农历腊月二十四打扫房子，这一天无论大家小户，都会把家什物品搬到庭院，彻底清扫屋内各个角落沉积了一年的浮土灰尘。旧时农家多用"白土"和水，搅成汤状，粉刷墙壁，使得屋里户外焕然一新。

大年三十这天一清早起来，好像有人下了一道命令似的，关中农村家家户户开始换门神，挂春叶，贴楹联，裱窗花。顿时新桃换旧符，整个秦川靓丽起来，花哨起来，欢腾起来。

终于，盼了365天的除夕夜降临了。人们开始祭祖宗、过大年。这是一个阖家团聚的不眠夜，家家年饭是饺子。饺子用面皮包馅成型，寓意合拢、团结、向心，这大概是国人创造和喜欢这种食品的文化因缘。

春节里，大红灯笼高高挂，点亮了八百里秦川，映红了三千万秦人。大年初六至正月十五，是舅舅给外甥送灯笼（俗约，一直要送到外甥12周岁）的日子。一场瑞雪覆盖了旷野，山舞银蛇，原驰蜡象。只见田陌里、公路上，三三两两提着花灯、拿着麻花的人，脚踩白雪走亲访友。关中灯笼品种繁多，制作精美。久负盛名的有西安三兆的花灯，李家村的玉莲灯，周家的兔灯、狮子灯、灞桥的火葫芦，蓝田的大亮子灯。

早在汉代的长安就有元宵张灯的古俗，从正月十四到十六，连续三个晚上大街小巷，村头院落，灯笼盏盏忽闪游动。小孩子们挑着舅舅送来的红灯四处游荡，有的还以灯笼相碰，嬉戏打闹。灯笼碰坏了，碰灭了，互不责怪，还振振有词地说："灯笼会，灯笼会，灯笼灭了回家睡。"边说边挑着被碰灭的或被烧掉一半的灯笼向家走去。

春节期间，也是青年男女结婚的好日子。无论东府还是西府，无论走到哪里，随时可见迎亲的队伍和待客的彩条塑料棚。主人见到生客，也会热情招呼入席饮酒。见你偷偷拍照，毫无怨言，大多数都主动配合。

春节过后，关中大地沐浴在丽日暖风中，渭河两岸桃红李白，菜花灿黄，绿油油的麦田里穿红戴蓝的农家女挖野菜、锄杂草，一片祥和安宁的景象。

野菜指荠菜，唐代王宝钏住寒窑、挖荠菜的故事，家喻户晓。1960 年大饥荒时，西安城里每人每月不到 30 斤口粮，天天吃不饱饭。记得当时父亲患了浮肿病，我实在饿得无法忍耐，就逃学跑到城外的田地里挖荠菜。晚上回来，父亲教我把荠菜洗干净，用清水煮了，放入盐醋，以此充饥。虽然是些清菜汤，但每顿饭加一碗，竟觉得饱了许多。荠菜、槐花还有油渣以及白菜根，伴随我度过了少年时代最重要的三个春秋。

秋千

关中大地上的秋千活动，可追溯到唐代。那时的长安城中，无论在皇宫庭院，还是寻常百姓家，人们都会搭起木架，绑上秋千，在桃红柳绿中翩飞若鸿，那情景在许多唐代墓葬的壁画中得到生动的体现。

阳春三月的关中还留下一些年气，蓝天下，旷野上，数丈高的鞍形木架吊起长长的秋千，农村一年一度的秋千会到了。高高的木架上插着彩旗，水红的对联把木架打扮得靓丽起来。村里的男女老少都围在秋千周围，只见那些胆大者、有绝技者手抓麻绳，脚蹬绳套，一蹲一蹴，两三个来回便上了晴空。耳边的风呼呼响，眼下的地变成来回摆动的弧线。当他们荡得几乎与横杆平行时，围观者会发出"啊——"的惊叹声，人人都为他们捏了把冷汗。不光是年轻人，还有那些已经五六十岁的老汉老妪，竟然也不甘示弱。1992 年 3 月，我在东府合阳县的王庄，看见那些英姿勃勃的老大妈在秋千上竟然比毛头小子还技高一筹。她们一个个紧蹬绳套，一高一低，此起彼伏。风吹起她们的衣角，荡起她们的短发，潇洒的身姿让人想到她们年轻时的美丽岁月。

荡秋千有单人蹬、双人对面蹬、一人蹬一人坐等形式。胆大力强机巧者常常是秋千比赛中的获奖者。2007 年春，我曾在地处秦、晋、豫三省交界处的孟塬司家堡拍摄那里一年一度的秋千会。司家堡是一个古老的村庄，据说是清代守军营地，曾称南孟屯。军中一胡姓军官为活跃士兵生活，精心制作数种秋千，让士兵以荡秋千为乐，强身健体。后来军士转为农垦，籍入村民，并把这种军旅活动融入当地民俗。经过传承发扬，增加了许多符合农业文明的秋千种类，形成一年一度的清明秋千会，延续至今。司家堡的秋千会少说也有二百余年历史，每年清明前后，方圆数十里三省的百姓都会拖儿带女，扶老携幼汇集这里看热闹，赛秋千。这里的秋千会号称"十全秋"，分别是架子秋、纺车秋、竹竿秋、八卦秋、天平秋、老哥秋、自吊秋，也叫"熊跌臁"。各种秋千，名目繁多，不一而足。每种秋千都有不同的玩法，都会彰显出玩家的不同技巧。2012 年司家秋千代表陕西省参加"中国秋千展演暨第十一届中国民间文艺山花奖民间绝技绝艺大赛"，一举夺魁，荣获金奖。2013 年被中国民协授予"中国秋千文化之乡"称号。在秋千古会上我看到，同时还举办"走马会"，表演"曲子腔"，特别是当下走红京城的"华阴老腔"，深受人们的喜爱和欢迎，使三省的老百姓在这里度过一个开心、畅快的清明节！

车辆

从出土的西周和秦始皇陵车马坑来看，自古以来人们就以车马来显示地位与财富。贵族皇室如此，民间也如此。只不过皇家贵族的车用于享受和战争，民间百姓的车则用于劳动和生产。关中老百姓常用的独轮车，全部木制，两根车辕成人字形夹住车轮，车轮上安有木架车头，两辕的中部有横木钻铆相连，形成货架。两辕的扶手处分别上有铁环，以便推车远行时挂车襻。车襻搭在肩上，连扛带推，不但利于使力，也能耐久多行。进入 20 世纪 70 年代以后，出现充气胶轮车，运行起来更能省力。

牛马车是老式双轮大车，也基本是全木制。高大的车轮，从轮缘到车辐、轴套全系上等硬木制成。为了耐磨，在轮缘上包有铁皮。20 世纪 70 年代以后，这种老式双轮大车逐渐退出百姓生活，结束了自己千百年的历史使命。如今许多高级宾馆饭店的门厅以及私人住室，都用这种大车或车轮来作装饰。即便是稍后出现的胶轮马车，现在也越来越少。手扶、四轮等拖拉机已基本上变成关中老百姓主要的农业生产和交通运输工具。逢会赶集，可见满载大人小孩儿的拖拉机、大卡车飞也似的驰骋在山间田野的沙石公路上，车帮两边挂着乘车人的自行车以及包裹行李，后边还拖着长长的灰尘。不时有摩托车擦身而过，骑手戴墨镜、穿西服，左袖口上明显可见条状品牌商标。后座上依偎着脚蹬黑靴、头顶礼帽、身着套装的时髦女郎。近年来，首先富起来的部分农民，甚至买了自家的小汽车。

细狗撵兔

近年来，城里人尤其那些大款新贵们兴起宠物热，他们把狗不叫狗，叫亲蛋，叫女女，并自称为亲蛋或女女的"妈咪""爹地"，显得酸溜溜的。其实，关中人早就有好狗的传统，也非常关爱、心疼狗，但不像现在那么酸气娇柔。关中人除了豢养看家狗外，更有在冬春季节赶细狗撵兔的习俗。

关中地区尤其渭北一带，田间多野兔。关中平原千里，物产丰茂，极适宜野兔的繁衍生存。野兔以冬小麦和蔬菜为食，给庄稼带来极大危害。而细狗是野兔的天敌，农民最初用细狗撵兔出于保护自己的劳动果实，随后演变成一项户外活动。

细狗长着尖尖的脸，垂着两只长长的耳朵，身材瘦细，双腿挺拔，奔跑迅疾，速度极快，反应敏捷，常常不出 50 米，就能把野兔擒住。于是，在关中农村"细狗撵兔"早就蔚然成风。细狗原产古埃及，最早可考的资料是金字塔壁画上的狩猎形象。据说，西汉时细狗由丝绸之路传入长安，从御用狩猎渐入民间。可蒲城人说，细狗是杨虎城在欧洲考察时带回来的。此说虽无可靠的证据，但蒲城人宠爱细狗，喜欢带狗在田野撵兔，却是事实。

　　细狗撵兔的最佳时节为冬春两季，这时地无庄稼，野草枯萎，视野开阔，更没有踩踏庄稼的顾虑，任尔驰骋追捕。我曾随蒲城细狗协会的各位好手追捕过野兔。那是一个初冬的早晨，我们在一家饭馆吃了热腾腾的羊肉泡馍，百十号人牵了百十条细狗，分乘十多辆大小车，直奔澄蒲交界的广袤旱原。

　　细狗在车上显得很不安稳，吐着长长的舌头，东张西望。车门刚打开，它们就迫不及待地跳下车，硬扯着主人向野地跑去。藏在草丛中的野兔早就被吓得魂不附体，有经验的主人手持木棍，正向草丛挥去。眼看再不能藏身，野兔猛地窜出来，向远处逃奔。霎时，所有主人放了缰绳，同时大声吼叫："来了，来了！"细狗们像脱弦之箭，直奔野兔而去。大约一分钟时间，细狗叼着野兔兴致勃勃回到主人身边。主人告诉我，细狗撵兔绝不惜命，累死都会穷追不舍。因此，每次追击必须控制在两分钟内。一场追击下来，总有一些细狗负伤，有的碰破头，有的摔断腿，这是最令主人伤心的。

　　从清晨出发，到傍晚回家，整整一天跑了百十里路，午餐是凉水就馒头。收获嘛，王根友会长乐呵呵地说：不仅是百十只野兔，重要的是收获了一个好心情、好身体。我说将来我要把细狗撵兔写进我的书中，他说那时一定送一本书给他。说到王会长，这位被称为"狗司令"的会长，是我同事的父亲。他虽话语不多，但做事扎实，为人厚道，赶上改革开放，组建了自己的工程队，为城镇化建设做了贡献，自己也获利——由一个普通农民变成首先富裕起来的人。遗憾的是，就在我整理文稿出书之际，他却突然因心脏病辞世，终年才 60 岁。

随着农村经济兴盛，许多有钱人加入到细狗撵兔行列。蒲城、大荔、华阴、渭南、泾阳、高陵、礼泉等县先后成立了细狗协会，选举了"狗司令"。甚至许多城里人也慕名加入，据说城里人加入主要是为锻炼身体。长期坚持追随细狗撵兔，许多疾病得到了控制和康复。

优良的细狗每只价格飙升到三四十万元，最贵的超过百万元。近年来狐狼绝迹，野兔泛滥，庄稼损失严重，许多乡村邀请细狗协会帮他们灭兔，协会不收费用，慷慨应诺。因此，养狗撵兔的人越来越多。

庙会

关中多庙会，庙会大都安排在冬春季的农活闲少时。关中有影响、规模较大的庙会，有宝鸡炎帝庙会、岐山周公庙会、凤翔灵山庙会、周至楼观庙会、耀县药王庙会、蓝田水陆庵庙会、华阴华岳庙会等。从历史上看，关中是一个文化兼容、宗教并蓄之地。道教、佛教、回教、景教、摩尼教……早在魏晋时就已教派林立，香火兴旺了。

高僧、道人、教士各崇其祖，而芸芸众生就不分佛、道、基督的差异了。关中人敬神不信神，一切从实际出发，把心中的佛、道、主统统搅在一起，见庙就烧香，见神就叩拜。许多庙前挂着佛幡，堂上却敬着真武；即便是天主堂里，也悬挂起中国的楹联和横批来。善男信女宗朋教友为一个突际的心愿，为一个现实的念想，上一回山，进一次庙，烧一裱纸，敬一回神，吃一碗凉皮，买一条红绳挂在脖子上，心满意足地返回家去。一切归旧，自度时日。

关中庙会，其实质早已成为最基层大众的文化与物资交流大会了。会期除一般的教事活动外，人们更热衷追逐的是剧团、马戏、台球、舞棚和最时兴的卡拉 OK。尤其是那些几乎祖胸露背、展示肥胖双腿的艳舞表演，往往惊得朴实的农民眼发直，嘴半张，大气都不敢喘。戏台上正紧锣密鼓，戏台下的剃头担子也冒着团团热气。只见贼亮的剃刀在杂草般的头发中硬开出一条"通道"，紧接着三下五除二，一个青亮带着血印的光头脑袋就出现在剃头匠人的掌握之中。拔牙的游医用钳子和锤子在张开的嘴里连夹带敲，把一颗颗黑的断裂的病牙连根除掉。为人穿耳孔的中年妇女，轻轻一扣扳机，只见粉白色的耳垂就多了个能挂坠子的小孔。卖老鼠药的把印有死老鼠图像的帐子披在身上，像穿着战袍，在人流中拥挤，高喊着："三步倒，三步必倒！"庙前宇后的空地上，摆满家什农具，树间挂着五颜六色的布匹和针织品。商贩们常常费很大力气把商品背上山来，农民们发现这些商品竟然比城里商店便宜许多。他们喜欢从庙会上添置农具和日用品，把商人背上山的东西再背回去。为图个吉利，一般都不空手而归。

神龛

关中是华夏农业文明的发祥地。早在远古时代，周人的祖先后稷就在渭水边教民稼穑，发展农业，被后世尊为神农。也就从那时起，关中人的心里就埋下了恋土情结的种子，再也离不开这块土地了。土地成了关中人的命根子，"土地爷"成了关中人心中最亲切、最重要、最实际的神。当然，还有管水的龙王神，管火的灶王神，管钱的财神等。凡是直接关系到基本生存的物像都被关中人虚拟为神，定期觐拜。关中人也尊敬菩萨、观音、真武、天主等神，但这些神在他们心中都是一些管大事、高层次的圣神，不那么亲近，只是在有大的精神活动（如踏青、祭祀、赶庙会）时，才作为一个程序觐见拜谒它们。走进关中村落，无论门墙上、宅院中，在特定的位置上都有敬奉直接关系生存的各路神仙的神龛。

神龛有永久性的，有临时性的；有豪华的，也有简易的。所谓"永久性豪华神龛"，是在建房时就已设计好，并作为整体建筑的组成部分修砌而成的。20 世纪 80 年代以前，关中农村多为土屋，神龛基本上是土坯结构。如今农民大兴土木，老屋一律推倒重来，变成钢筋水泥结构的新房子，神龛也由青砖砌成，并用水泥打磨得平滑光亮，龛中立一尊 10 厘米高低的神像。而那些临时性的简易神龛，则是一张裱纸、一个竹筐、一页刓坩、一片圈席等，贴上神像和对联就算神龛了。中国农民敬神不但是自由的，而且是随便的。想起来就敬，农忙时就丢在一边，不像西方人把信仰和宗教贯穿在生命的全过程。实际上，中国人敬神不信神，其信仰是自由的、实用的。因此我们看到，虽然中国农村也修庙宇、建教堂、塑神像，但总体来看是简易的，千篇一律的，缺乏个性特征。中国农民似乎更喜欢把神灵请回自己家中开小灶敬奉，这样更符合小农经济的意识与行为。的确，在长期进化发展过程中，人发现、发明、创造和利用了水、土、火、钱等种种必不可少的自然与社会物资，在不能充分而自如地把握这些物质力量的时候，出于敬畏而虚拟、物化出种种神灵，用祭祀与朝拜的虔诚之举，幻想博得神灵保护与恩赐。

神龛在关中农村是普遍的也是平凡的，是简陋的也是草率的。在如此环境氛围中，中国神失去了应有的神圣感、神秘感、神奇感。随便一个巫婆、神汉，都可以成为中国神的替身，从而在人间布道行医，占卜预言。中国神就如同关中最普通的俗民一样，平日没有人在乎它的存在与消亡。一年的大多数时间里，中国神与神龛是被人遗忘的，只有春节那几天会被记起来。那时候，神龛被披红挂绿的楹联、门额和窗花装扮得焕然一新，神才堂堂正正进入人们的主流生活中。

关中农村的神龛除敬奉土地神外，水井旁的神龛敬奉龙王神，厨房的神龛敬奉灶王神，正房的神龛敬奉财神。"进门一神仙，四季保平安"，敬神的目的多么直白与赤裸；"地里生白银，土中产黄金"，对土地的要求多么明确与坚定；"奇水养一家，宝泉供百口"，对龙王的恩惠发出由衷的赞颂。从神龛两边的对联中，我们可以看到关中人普遍的生存理念、理想，对土地的依附，以及对良好生存环境的企盼。

同时，从"奇水""宝泉"的对联中，我们还明显体会出关中历史上多旱少雨的自然气象。当农民用花馍、水果、裱纸祭祀土地神的时候，我们会想起农民们用犁用锄用耙精心梳理土地的情景；祭祀火神时，我们会想起他们或采火、或灭火、或面对烈焰无可奈何的情景；祭祀财神时，我们会想起他们千里贩运配送交流的情景。总之，当农民们以崇高与虔诚侍奉所有神灵的时候，何尝不是对他们自己的发现、创造与生命历程的祭祀呢？随着生产力的发展，随着文化文明的进步，神龛的实际意义已变成关中农民历史演进的一种化石，已变成关中农村民居建筑的装饰。而春节期间的祭祀活动，也仅仅是广大农民一年一度的生活程序与日子过场。它与过大年中的耍社火、扭秧歌、挂灯笼一样，是农民们人生旅途的一个逗号，成为人们过日子的一个企盼。总之，神龛为少色的关中农村图景增添了一些亮点。

婚嫁

男大当婚，女大当嫁。婚嫁是人生历程中的一件大事，是创造生命、延续生命的仪式。虽然关中横跨八百里，婚嫁习俗有许多差别，但总体来说离不开坐亲、开脸、哭嫁、铺床、礼拜、吃和气饭、摆筵席等这些基本婚礼程序。1984 年，我在商洛山区采访时，正赶上一对农民青年的婚礼。新娘家在靠近公路的一个小山村里，远远就看到她家门前摆着花架和嫁妆，围着黑压压的人群。我下车上前察看，走进柴门，只见一少妇正在给身着红衣红裤的新娘剃眉、刮脸、挽发髻。新娘面无表情，但眼角有些湿润，像是哭过。另两位少妇走出走进，一边忙着给箱柜中放果品、糕点、花馍，一边指挥人给花架里添置嫁妆物品。一切收拾完毕，新郎已带人前来迎娶新娘。进门后，他们向女家执事人交了 12 个花馍，3 张红帖和一副冠婚吉书。吃罢筵席，搬嫁妆的人有意把碗盏、酒杯悄悄揣怀带走，留作将来耍媳妇时当物证用。这时嫁妆启程，女方护嫁人跟随在花架箱柜后边，新娘由"命强"少妇相陪上路。新娘本该坐轿或坐车，但因轿已过时，商洛山区又贫穷，没有汽车，只好步行。眼看要出村时，新娘突然号啕大哭起来，不忍离去。我随着这支简易而充满喜气的队伍，沿着山间小路向三里外的新郎家走去。进了新郎家的村口，就传来热烈的鞭炮声。袅袅蓝烟里，礼宾先生边撒草料，边令陪嫁人带新娘脚踩红布行进。新郎在门口换上跋脚鞋，胸前披挂上几条大花被面，与新娘并肩行至祖宗堂前，由主婚人宣读结婚证书。末了拜天地、拜父母、拜媒人、夫妻对拜，然后进洞房。进洞房前，新郎的弟妹及同村好友堵在门边，讨"份"嬉闹，不准新人入内。直到讨到红包后，才勉强让新人进去。午宴时，新郎新娘出洞房到筵席间为所有宾客敬酒。这时，突然有人抱住公婆，将锅煤抹在他们脸上。宴罢，女方客人请公婆到洞房商定新娘在家第一次应住天数及往来事宜，然后告辞，婚礼到此结束。拍了新郎的照片，我也该返回了。临走一位长者告诉我，当晚洞房灯火不灭，新郎的好友及嫂嫂弟弟妹妹和一些长辈都去"耍媳妇"，嬉逗取乐，玩至深夜，让新人吃馄饨、掰花馍，再戏耍欢闹一阵，方才散去。

关中人送女时的嫁妆最令人关注，尤其是那些花花绿绿的刺绣枕头。一大早，所有嫁妆就都摆在室外的屋檐下。20世纪七八十年代的大件嫁妆是缝纫机、自行车、手表加上新媳妇亲手绣的花枕头、花鞋垫等。90年代以后大件嫁妆为彩电、冰箱、摩托车和刺绣品。刺绣品是绝对不能少的，它是新媳妇心灵手巧的标志。村里的老嫂子、老大娘都会围在嫁妆前评头品足，大加议论一番。

进入20世纪90年代以后，农村经济逐渐好转，农民口袋收入多起来。无论平原还是山区，雇车娶亲已经风行。最初用拖拉机、大卡车，后来用大轿车迎亲。直到20世纪末，几乎都要小轿车接亲，老旧的婚礼程序也减免了许多。

土葬

人是世界的精灵。人生来世，有意无意地继承和创造着属于自己的文化，或者说，为属于自己的文化大厦添过砖加过瓦。然而，人生短暂，宇宙长存。无论老死还是病逝，都乃人生大事。民谚云：何处黄土不埋人。在关中，土葬是数千年来仅有的殡葬方式。葬礼尤为厚重，仪式十分繁杂。只是到了 20 世纪 50 年代以后，由政府倡导开始逐渐推广火葬。

走遍关中，凡家中老人年过花甲，堂房内都放有儿女为之准备的寿材。寿材以松柏为优，家境贫寒者以杨柳杂木代之，也有用薄板装钉或用芦席卷尸掩埋者。一般家庭都会为老人准备 5 至 7 身寿衣，为长袍马褂一类清代衣服式样。老人去世后，即可剃头或梳头、洗浴、整容，尤其要在四肢僵硬前穿好寿衣，这些称为小殓。小殓后的死者，用草纸或白绫蒙面，再用白布或纸绳把手脚捆在木板上，献"倒头饭"，点"照尸灯"，子女侄孙戴重孝，直系亲属守灵 3 至 7 天不等，并立即在大门外挂打纸（12 杆或 24 杆），俗称纸蟒。接着要向亲戚报丧，待逝者家族及舅家外甥等亲戚到齐后入殓。入殓时，要给棺底铺黄土和柏朵，四角放置丝麻、铜钱、棉花、灯芯、锯末。殓毕，孝子守灵，彻夜不眠。期间请鼓乐礼宾、僧人念经做道场。若死者终老天年，称为白喜事。重孙必须披红，并请剧团唱大戏，全村将热闹一番。

关中人吊唁方式十分讲究。吊唁时有亲朋来，鼓乐先响，闻声穿白戴孝的儿女以及外甥们齐哭。孝子迎上，搀唁客到灵前行礼烧纸，哭喊几声，叩首垂拜，后被孝子扶起，进屋就座，与人们怀念一番逝者生前的品行和功德。

在吊唁与祭奠期间，会请阴阳先生看穴砌墓。墓穴是先挖一方大于棺木的长方形墓道，深约 3 米，再横向打一洞穴，便是置放棺材的地方。发葬时间，一般都在早晨。起柩入墓要经过明烛、抬香、焚纸、进膳、祭酒、读起柩文书等程序。

我在蓝田拍土葬时看到，先由孝子提斗到坟地扫墓，撒五色粮，然后奏乐起灵送葬。这时，哀乐与哭声四起，纸幡花圈紧随，鞭炮齐鸣，纸钱飘洒。只见灵柩由 10 多个壮汉抬起，向墓地奔去。孝子头顶孝盆，出村后在十字路口摔碎。到墓地，灵枢被放入墓穴，砌封穴口，众人挥锹放土掩埋。孝子贤孙放声痛哭，哀乐不断。纸人纸马、花圈冥纸随火焚烧。放土埋人的乡亲们，这时仍不忘玩笑打闹，彼此将黄土撒向对方身上打趣。不一会儿，一个新坟出现在田野上。此时众人像完成了一件神圣的使命，扛起铁锹，默默散离回村。

人走了，埋掉了肉体，留下了精神和文化。

关中人薄养厚葬。平民的一生，只有死后入葬这段时间最风光，最能体现其价值。自死日起，规定要过七个期，一期七天。逢期、百日、周年要致祭，直到三周年后孝满。三年孝期，后人要穿白鞋，不办大事，不出远门。逢年过节不大操大办，对联门槛只用蓝、绿、黄色，以示对亲人的惦记，对先辈的祭祀，对生命的尊重。

清明

清明节扫墓祭祖是关中人开春后的又一大事，这一习俗从唐代就风靡盛行了。清明前后乍暖还寒，忽阴忽晴。人们携儿带女，成群结队来到自家先祖坟茔旁，填平蚁穴、兔窝，为经过一年风雨冲刷低矮了许多的老坟堆培新土，献上食品菜蔬。有些大户人家还在墓旁举办酒宴，歌以行酒，酣醉始归。唐人清明和社日祭祀饮酒的风情在许多诗文中都有生动描写。张祎在《巴州寒食晚眺》诗中说："东望青天周与秦，杏花榆叶故园春。野寺一倾寒食酒，晚来风景重愁人。"王驾在《社日》诗中写道："鹅湖山下稻粱肥，豚栅鸡栖对掩扉。桑柘影斜春社散，家家扶得醉人归。"为此唐玄宗曾多次下敕文规定不许扫墓时饮酒酣醉，但并未禁得住，而且愈演愈烈。发展到宋代，每逢清明，扫墓成为朝廷大事。官府屡屡派遣人员一批一批去各陵祭奠，地方官员酒肉相待，自不必说。百姓也纷纷效仿，携酒扫墓，踏青春游。"四野如市"，是当年最形象的写照，此俗一直流传至今。

20世纪50年代以来，我国政府致力于殡葬改革，积极推行火葬，督促人民放弃土葬，在大城市取得一定效果。本意上的火葬，确实是利国利民利生态环保的好事情，受到普遍欢迎。尤其是对广大低收入的普通百姓来说，减免了因殡葬带来的极为沉重的经济负担。近年来，随着经济发展，城乡人民收入增长，简洁的火葬仪式变得繁杂起来。除火化尸体与以往不同外，其他土葬程序一律恢复原样，并且更加讲究了。与火葬配套的公墓、陵园建设迅速兴起，仅西安、咸阳、长安、蓝田就兴建了寿阳山、栖凤山、灞陵园、安灵苑、茂陵故园等数十处骨灰安放地，价位3000元至10万元不等。在寿阳山，有一位先富起来的人，买地、立碑、建亭共花了30余万元，成为扫墓祭祖者谈论的热门话题。而今又一个10年过去了，墓地的价格水涨船高，死人与活人争地愈演愈烈。丧葬仪式也越来越隆重，在陵园中，所有墓穴前都立有石碑，小的成尺高，大的2米有余。上边刻有死者姓名，生卒年月。讲究的大石碑背面还刻有死者生平简介。一时间，树碑立传之风吹遍关中大地。除公墓、陵园石碑林立之外，洁净平整的田野上，无论新坟旧墓，旁边统统竖起或水泥或青砖或石刻的碑亭。祭祀者抛弃的五颜六色的塑料袋，被风吹挂在树枝草木间，越积越多，热闹非凡。真不可想象，这些百年难解之物，将给黄土地带来怎样的后果。

修建陵园与开发活人住的房地产一样，被开发商当作新的经济增长点，有高利润可图，因此陵园越修越大，越建越多，好端端的黄土地变成了石板林、水泥林。每年4月3日至5日，通往各陵园的公路上车水马龙，拥挤不堪。任凭公交车一增再增，任凭中巴一快再快，任凭私家车越来越多，也难以满足上坟心切者的要求。先富起来者自驾车，有权者开公车，无钱也无权者乘公交车或扶老携幼步行上坟扫墓，旧俗新时尚。全城人几乎一下子拥出来，流向陵园坟地。扫墓祭祀刺激冥币阴票、纸扎香火业越来越兴旺。在通往陵园的路上，这种商贩常常是三里五里夹道兜售。随着现实生活中各种家电的出现，以及住房条件的改善，祭奠逝者的纸扎已不拘泥于老式的元宝、手镯、纸人纸马、童男童女，还引进了彩电、冰箱、手机、高层住宅等纸质造型。车进陵园还未停稳，立即会拥上来一群手提祭品腋夹烧纸的商贩，用最诚挚的语言、最动情的音调，推销这些实际上毫无用处但却消耗了珍贵资源的纸扎香火。上坟者为表示自己的孝心，抑或为展示自己的富有，除选最具现代化意味的纸扎、最上乘的香火、最好的食品蔬果外，还要备上最响亮的鞭炮、最艳丽的鲜花、最地道的打过钱眼的冥纸。在一层层一排排一行行的石墓与石碑中找到亲人的位置，摆上供品，点着香火，斟了酒水，鸣放鞭炮，敬祭亡灵。这时只听得陵园内外一片爆响，烈火熊熊，青烟袅袅，灰烬随风飘荡。本来一个宁静、清新的原野被搅得浮尘滚滚，混浊污染，骚动不安。夕阳西下，完成了神圣祭祀活动的人们，匆匆返回。公路上再次沸腾起来，喊人声、叫卖声、车鸣声和因拥挤摩擦而引发的叫骂声交织在一起，随着车队人流滚动。在这里，现代与传统、旧约与新规、秩序与无矩，得以最完整地融合与显现。

关中有秦岭、秦川、秦椒、秦人、秦腔，形成独特的秦风、秦俗，统称秦文化。秦文化对历史上的中国产生过重要影响。

关中汉子（凤翔县）　1986 年摄

关中人爱蹲，即便是年轻人有凳子也不坐（潼关县）　1988 年摄

红白喜事都吃臊子面（凤翔县）　1994 年摄

以往关中人都喜欢找本乡本土的对象（扶风县） 2000 年摄

一边盖的房子在宝鸡地区更是多见（凤翔县）　　1990 年摄

被称为"木牛流马"的独轮车（凤县） 1992 年摄

这样的五轮车，已经很难再见到了（合阳县）　1992 年摄

农村的火炕也是关中人的会客厅（凤翔县） 1985 年摄

关中人喜欢的锅盔饼常有两寸厚（扶风县）　1986 年摄

连环灶（蓝田县）　1994 年摄

农村妇女头顶手帕的现象已经少见（长安区）　1984 年摄

婚嫁

姑娘出嫁坐的花轿（蓝田县） 1988年摄

红头巾（合阳县）　2011 年摄

闹公婆（淳化县）　2011 年摄

新人敬酒（凤翔县）　1991 年摄

30年前出嫁能坐大卡车都令人羡慕（凤翔县） 1986年摄

小老虎（周至县） 2010 年摄

花馍

给孩子做满月送的花馍（大荔县）　2000 年摄

蒸好的花馍还要精心"打扮"一番（华县） 1992 年摄

为庙会做的牌楼花馍（大荔县） 1999 年摄

带着花馍走亲戚（韩城市）　1992年摄

窗花

剪窗花（凤翔县） 1984 年摄

民间艺人胡深（凤翔县）　1986 年摄

卖窗花（凤翔县）　1985 年摄

明朝版的木版年画（凤翔县）　1985 年摄

换上新窗花（凤翔县）　1990 年摄

贴门额（凤翔县） 1992 年摄

花灯

提灯笼的老太婆（扶风县）　1988 年摄

西安三兆的羊灯　1990 年摄

凤翔地区的灯笼（岐山县）　1987 年摄

卖灯的农民（蓝田县）　1988 年摄

蓝田县的大亮子灯和火葫芦灯　1994 年摄

在自家院子糊灯（西安市）　1987 年摄

莲花灯（凤翔县）　1998 年摄

古城灯市（西安市） 1984 年摄

细狗撵兔

在春、秋季的关中平原随处可见细狗撵兔的情景（泾阳县）　2014年摄

蒲城细狗协会会长王根友（右一）和他的会员们（蒲城县）　2003 年摄

一般情况下 40 分钟内细狗便可生擒野兔（泾阳县） 2014 年摄

逮住了（蒲城县）　2003 年摄

神龛

敬奉土地是农耕文化的传统特色（凤翔县） 1992 年摄

敬水龙王的神龛（凤翔县） 1990年摄

用纸箱做的神龛（凤翔县）　1992 年摄

农家小院的神龛（凤翔县）　1998 年摄

红砖砌成的神龛（凤翔县）　1999 年摄

敬灶王的神龛（凤翔县）　1992 年摄

敬土地的神龛（凤翔县）　1992 年摄

新式神龛（凤翔县） 1994 年摄

关中民居上的永久性神龛（澄城县） 1998 年摄

换旧符，迎新年（凤翔县） 1990年摄

烧制在瓷砖上的简易神龛（户县）　2010年摄

老式建筑上的简易神龛（周至县）　2010 年摄

秋千

放风筝（西安市） 2001 年摄

正月的秋千（澄城县）　1990年摄

天平秋（华阴县） 2007 年摄

老哥秋（华阴县）　2007 年摄

自调秋也叫熊跌膘（华阴县） 2007 年摄

线轮秋（华阴县） 2007 年摄

集市

城墙下的小商贩（西安市） 1998 年摄

农村集市（凤翔县）　1988 年摄

买对联（陇县）　1985 年摄

卖佛像（凤翔县）　　1985 年摄

拉风箱烧锅如今已少见（潼关县） 1984年摄

摆地摊（凤翔县） 1986 年摄

卖凉皮（凤翔县）　1999 年摄

过闹市（大荔县）　1999 年摄

吃豆花泡馍（凤翔县）　1985 年摄

挑鸡蛋（西安市）　1989 年摄

卖气球（凤翔县）　1992 年摄

小本生意（周至县）　1988年摄

赶集（岐山县）　1989 年摄

卖小猪（潼关县） 1987 年摄

推销鼠药（周至县）　1998 年摄

爷孙赶集（潼关县） 1989 年摄

剃头担子（凤翔县）　1985 年摄

乡村的路（华县） 1989 年摄

夫妻店（凤翔县） 1989 年摄

车上的睡孩（陇县）　1997 年摄

穿耳洞（周至县） 1999 年摄

拔牙（周至县）　2010 年摄

吃盒饭（西安市）　1998 年摄

烤玉米（西安市）　1998 年摄

庙会

庙会上（周至县） 2002 年摄

压饸饹（户县） 1998 年摄

看手相（华阴县） 1978 年摄

拜神（眉县） 1977 年摄

卖香火（凤翔县）　1988 年摄

上香的信民（千阳县）　1997 年摄

在庙会上进行物资交流（凤翔县）　1990 年摄

庙会上的小吃摊（西安市）　1989 年摄

渴（户县）　2003 年摄

吃（扶风县） 1985 年摄

赶庙会（周至县）　2011 年摄

准备开张（蓝田县）　1994 年摄

归途（凤翔县） 2012 年摄

赶路（凤翔县） 2012 年摄

过桥（周至县） 1988 年摄

做弥撒（户县） 2012年摄

日常生活

奶娃（凤翔县）　1992 年摄

满月（凤翔县）　1984 年摄

祝寿（蓝田县） 1993 年摄

看嫁妆（凤翔县）　1985 年摄

爆米花（凤翔县）　1986 年摄

烤羊肉（西安市） 1997 年摄

农妇（凤翔县） 1988 年摄

用"白土泥浆"刷墙（宝鸡县）　1991年摄

牵牛（合阳县）　1998 年摄

细狗（长安区）　2012 年摄

扫地（西安市） 1994 年摄

挂面（扶风县）　1996 年摄

辨真假（合阳县） 1998 年摄

送饭（岐山县）　1996 年摄

长命锁（合阳县）　1998 年摄

老中医（凤县）　1990 年摄

父与子（凤翔县）　1984 年摄

两代人（澄城县） 1994 年摄

慈母（兴平县）　1988 年摄

三代人（陇县）　1986 年摄

老式织布机（户县） 1986 年摄

纺车（兴平市） 1990年摄

乘车（合阳县）　1998 年摄

轻骑进农家（陇县） 2009 年摄

车带人，人拉车（千阳县） 2001 年摄

人骑车，车骑人（千阳县） 2001 年摄

集市相遇（周至县） 2010 年摄

留影（礼泉县） 2011 年摄

吃冰糖葫芦的孩子（宝鸡县） 1997年摄

农家的孩子（蓝田县） 2009 年摄

打牌（兴平市）　1990 年摄

独饮（岐山县）　1984 年摄

农家院的迪斯科（周至县）　1999 年摄

大棚交谊舞（周至县） 1999 年摄

三种车（西安市） 1997 年摄

扫墓车途经魏长城（韩城市）　1992年摄

闹新房（凤翔县） 1986 年摄

村头（礼泉县） 2006 年摄

光场（兴平市）　1996 年摄

碾场（户县）　1996年摄

抢购（凤翔县） 1986 年摄

中奖（澄城县）　1988 年摄

打电话（西安市） 1987 年摄

坐火车（杨凌区）　1989 年摄

刮黄风（陇县）　1998 年摄

打囤垍（长安区）　1992 年摄

打花牌（兴平市） 1990 年摄

全家福（户县）　1986 年摄

看书（洛南县）　1982年摄

明朝版的门神（凤翔县） 1986 年摄

晨练（西安市） 1990 年摄

舞伴（西安市）　1990 年摄

婆媳（岐山县） 1985 年摄

女人（户县） 2009 年摄

买股票（西安市）　1997 年摄

买奖券（临潼区）　1989 年摄

丧葬

家中有人过世，要在门前挂蟒纸（蓝田县）　1986 年摄

出殡前在村口祭拜（凤翔县）　1988年摄

龙棺在唢呐声带领下离开村庄（凤翔县） 1988 年摄

下棺前孝子要先检查一下墓穴（凤翔县）　1988 年摄

高寿仙逝为白喜事，重孙要披红（凤翔县）　1988 年摄

诀别（凤翔县）　1988 年摄

掩埋灵柩后，纸人纸马、花圈都在坟前焚烧（蓝田县） 1997 年摄

清明节时上坟烧纸（大荔县）　1992 年摄

正月十五上坟点灯（咸阳市）　2000 年摄

守灵（凤翔县） 1994年摄

宗教

佛教

据外婆说，佛是天下最善良的"爷"。我相信，因为外婆就非常善良。高大威严的庙宇中，所有在场的人都下跪叩头的情景给我留下了深刻的记忆。于是，佛一直使我敬畏。但我没有产生信仰，我也从不亵渎。即使在史无前例的"文革"中，我也没有以"落实最高指示，破四旧"为名，参与砸佛烧庙那土匪般的活动。后来我开始关注自己所生存的环境，才发现生我养我的关中大地最显著的特点是有帝王陵墓和宗教寺庙。帝陵埋在地下，寺庙建在地上。地下的陵墓与地上的寺庙组成传统的民族文化，孕育着这块古老的黄土地。

从书本上我了解到，佛教诞生在古老的印度，西汉末年传入长安，继而遍布全国，唐时鼎盛。著名僧人玄奘曾为理想偷渡出国，历尽艰辛，18 年后取回真经，受到大唐皇帝李世民亲自迎接。随后又苦心研读，译经 19 年，计 1335 卷，成为伟大的高僧。中国佛教有 10 大宗派，其中 8 派始创于长安，这些精英文化千百年来滋润着人们的精神家园。至今，在关中大地上仍然存留着 144 座佛寺和历代佛塔，其中最有名气的寺庙有兴教寺、慈恩寺、感业寺、青龙寺、净业寺、仙游寺、庄严寺、荐福寺、冈极寺、华严寺、香积寺、草堂寺、卧龙寺、法门寺、庆寿寺、慈禅寺，以及西安城中唯一的藏传佛教寺院——广仁寺。

近年来，寺庙香火越来越旺。若逢庙会，更是人头攒动，你拥我挤。大多数信徒居士，嘴里只是不断重复"南无阿弥陀佛"这一句颂词而已，他们很实际地企盼自己的来世一定比现在美好。我有幸参加了关中佛教的两次盛事，这两次盛事都发生在 2002 年。一次是 2 月，送法门寺佛骨舍利赴台湾展出。那天，台湾佛教界高僧与民间居士乘专机来西安迎接舍利，法门寺更是举办万般隆重的接送仪式，香港凤凰卫视还做了现场直播。在人群中，我看见那些和尚、居士和信徒泪流满面的样子，又看见那些高僧、法师平冷的面孔，不知道该怎么理解传经者和受经者的思想境界。另一次是 7 月，法门寺住持净一法师圆寂，成千上万追随者从四面八方拥向法门寺为净一和尚送行。净一的遗体是在法门寺北山一个临时搭建的焚尸炉中被火化的。那是一个用青砖砌成的炉子，炉中架满木柴。净一和尚遗体被运到山上时，等候了一天一夜的男女老少号啕大哭，无数裱纸清香被点燃，鞭炮声响成一片。上午 10 时，净一和尚的遗体被置入炉内点火焚烧，一股浓烟直冲云霄。记得那天一直阴得很重，要下雨的样子，可当焚烧净一的烟冲上空中后，幕帐般的乌云却渐渐散开来，一束束阳光洒在众人头上。顿时，人群沸腾起来，齐呼"阿弥陀佛"。信徒、居士一致认为这是净一和尚的法力起了作用，他们说："老天从不耽误法门寺的事情。"

一句"阿弥陀佛"，关中人朗诵了 2000 年。时间太长，颂词太熟，熟得成了丝毫不用思想的话语惯性。对于关中人来说，佛在有无之中，记忘之间。佛要普度众生，佛以慈悲为怀，这也正是大多数善良的普通人的质性所在。佛将带领他们的灵魂，从一生的贫穷、苦难、羞辱、失落中达到彼岸。只有来世是属于善良的普通人的。因此，善良人无法干那些改朝换代、惊天动地的大事情。

道 教

道教是中国的原生教。周至县的楼观台是中国道教的发源地，也是道教最早的宫观，素有"天下第一福地"之称。远在西周时，大思想家李聃由楚入秦，受到尹喜亲迎，遂在楼观台讲述《道德经》五千言。东汉末年，张修、张鲁等创立道教，奉老子为教主，尊《道德经》为经典。

我们常听到"老子天下第一"的戏言，其实，此语却有一番正经的来历。春秋时代，百家争鸣，各种学派与思想相互驳斥，仁智不一。但他们对老子的哲学思想都十分推崇，并将老子奉为九流之祖，从而有了"老子天下第一"这句妇孺皆知的口头语。

道教是国教，却始终难以最广泛地传播。作为道教经典的《道德经》，谈的是天地人的大道理，大宇宙的大规律，没有文化只知饮食男女的普通人听不懂，只能敬而远之。而道士又经常隐居深山，炼丹修身，有的甚至玩以巫术，远离人间烟火，普通百姓难以接近。加上道教历朝多介入政治风云，荣辱难以一恒。

陕西现存道观 41 座，享有盛誉的有楼观台、八仙庵、白云观、重阳宫、东岳庙等。1992 年，我有幸采访台湾玄门弘法会一行 162 人在楼观台与陕西道士联合举办的演醮法会。两岸教友一个个穿戴整齐，道貌岸然，以表示对老子和其他大仙的毕恭毕敬。法会再紧张，道士们都按照规矩坚持完成早课。最令我惊讶的是，台湾玄门弘法会为这次祭奠活动共购置了 720 种供品，其中包括面粉 5 吨、大米 5 吨、水果 7.5 吨、白糖 2.5 吨、食盐 2.5 吨。法会结束时，另外 20 吨专程从台湾运来的金纸，在宗圣宫遗址上被熊熊大火化为灰烬。

令我记忆犹新的是，那次法会是在道教圣地举行的，但人们看到台湾玄门弘法会的法师却打着儒家旗号，悬挂着菩萨画像。我不明其理，便请教台湾来的戴昌明会长与楼观台的监院任法融。戴会长说："道教是国教，道教成为与社会、与民间结合最密切的宗教。台湾大约有 700 万教徒，我们虽然请来佛门法师，挂着菩萨画像，但从我们主观上讲，是想把道墙、佛墙拆开，而且我们认为儒、道、释本为一体。道家的吕洞宾被称为吕祖，佛家也称他为文尼菩萨。看来只是叫法不一，实质是一样的，你看楼观台后庙中也祭菩萨。"任法融监院说："我认为戴昌明一行念的佛经与我们道教没有根本区别。我看过他们的经典《梁皇宝忏》，主要是劝人为善。即便对生前做过恶的人，也要帮助他们超度亡灵，解除痛苦。此次所来100多人，体现出一种民间信仰，这在台湾目前最为盛行，只有改革开放的今天，才会有两岸的演醮法会。"他们两人都认为道教是从楼观台传到台湾的，现在两岸道人在原生地共同举办法会，就是为了寻根祭祖。同时，他们希望通过这次联合法会，可以促使两岸加强交流，尽快和解，完成统一。

伊斯兰教

碰到西安的回民，问其家住哪里，他们会说"在坊上"。坊上的回民应是回纥人的后裔。据史料记载，765年，郭子仪平定安禄山叛乱从泾川回到长安时，带有200多回纥追随者。那时唐长安城分110坊，布局整齐，坊墙高大。这些回纥人大都留住在礼泉坊、义宁坊一带，长此以往，他们便把自己的居地亲切地称为"坊"，一直沿用至今。

回纥并不是单一民族，而是由多个信仰伊斯兰教的部落人组成的整体。初到大唐，由于他们有不同的语言，而且都不懂汉语，因此被唐王朝安排在一起学习汉语和大唐的法令、制度。当年的礼泉坊、义宁坊就在皇城根下，大唐礼部主客司衙署（唐外交管理机构）和鸿胪寺（唐外交礼仪机构）就设在那里。于是那里就成为西域各国使节以及回纥人驿馆和中外文化交流的高端平台，西安城里的"大、小学习巷"便由此得名。回纥人从西域来，都是穆斯林。他们带来伊斯兰教，俗称回教。他们的经典是《古兰经》，他们诵经的地方是圆顶带月牙的清真寺。西安最有代表性的清真寺位于西安大学习巷和化觉巷，因地理位置一东一西，因此也被称为东大寺和西大寺。虽然史书上记载，两寺创建于唐玄宗天宝元年（742年），但现存两寺却为明、清建筑，一派明清宫殿的式样。标准的中国式殿堂，却是穆斯林的寺庙，这引起了外地人特别是无数西方人的强烈兴趣，凡来西安者必游览坊上的东大寺和西大寺。

坊上回民都是《古兰经》的信徒，他们每天都按时去清真寺礼拜或祈祷，每星期五还要举行一次聚礼。聚礼一般都是以教坊为单位举行，实行双"虎图白"制。"虎图白"（讲演）是按一定的仪节，用阿拉伯语背诵一篇固定的赞主赞圣和祈求两世喜庆的祈祷词。一年中，回民两大节日的礼拜是清真寺最红火的活动。他们对礼拜的条例和仪则非常认真，严格遵守。清真寺是圣地，异教徒和汉人不能随便入内。1990年，我陪日本朋友采访阿訇马良骥时，被误认为私自闯入清真寺礼拜会堂，差点儿被赶出来。清真寺会堂不允许女人进入，做教事时，女人必须回避。清真寺也是为"无常"者做"讨白"（忏悔）的地方。我经常看见寺外大墙上贴的讣告，说什么时间将在会堂为亡者做"者那孜"（殡礼）。我很想拍摄这样的照片作为资料，却因不符合教规，未被允许。西安东郊有回民拱北，做过"者那孜"的亡人会被抬到拱北，用白布裹尸埋入地下，入土为安。他们赤身而来，赤身而去，回归土地，回归自然，体现出清真的信仰。

天主教

关中人把天主教称作洋教。我第一次见到洋教徒，是在1978年的一个上午。那时，我在澄城县农村采访，路过一个打麦场。突然，一阵低沉的嗡嗡声引起我的注意。四下望去，没有人，只有风。麦秸垛蘑菇般栽在麦场两头，未发芽的梧桐树飒然颤抖。雾中太阳散发着白色光线，有些刺眼，耀得万物失去反差，茫茫一片。随声寻去，麦场尽头陡陷，下边藏着一排废弃的窑洞。其中两孔有门，久经风剥日蚀的木门，虚掩着留下一条浓黑的缝隙，嗡嗡声从黑缝中挤出来。出于好奇，我轻轻推门探望——嗡声戛然而止，黑暗中显出一张张惊恐的老脸，每张脸前有一个四四方方像《毛主席语录》般大小的白皮本子，我真以为村民们还在继续"文革"期间的"天天读"。片刻，待眼睛适应了，我走上前问道："你们还坚持读语录吗？"始终没人接话。我弯腰细看，见那些粗糙的手指间夹着的小本子竟是《圣经》。我不由一怔，窑内气氛顿时静谧而紧张起来。我第一眼没看错，窑里的人都是老头儿老婆儿，穿清一色黑衣黑裤，有些老太太头上还顶一块黑色方布帕巾。他们似乎也看清了我的着装和手中的相机，猜着几分我的身份，没人敢与我对话。我悄悄调整光圈与速度，目测了距离，然后高声说："你们念吧，不打扰你们了。"说话间偷偷按下快门，随即退出窑洞。回到麦场，我一下子倒在麦堆上，心怦怦跳个不停，既紧张又害怕，似乎那窑洞中藏着已点燃导火索的万吨炸药。不一会儿，窑洞中的人像蚂蚁似的一个个匆匆钻出来，向村中散去。

这是 25 年前我首次见到和拍摄还处于地下状态的陕西天主教活动的情景。当时我之所以紧张与害怕，是因为"文革"中我亲眼看到天主教徒被打成里通外国的间谍、特务和企图颠覆无产阶级专政的反革命分子，而遭批斗和判刑，也经历过把所有宗教活动当作封建迷信横扫批判的运动，所以心有余悸。而当时那些教民匆匆结束弥撒和唱经，肯定也是因为我发现了他们的"秘密"后所采取的对策——走为上。

进入 20 世纪 80 年代，处于地下状态的农村天主教活动逐渐转为地上，开始公开举办一切有形活动。每逢下乡采访，无论是在陕南还是陕北，无论黄河边还是渭水旁，我都能听到教民的赞美诗，看见他们画十字的身影。虽然我是无神论者，但作为一个记者和摄影爱好者，我还是对农村的宗教活动怀有浓厚的兴趣，感到有必要对这一生存状态及其表现出的人文现象做忠实的记录。20世纪80年代初，我把关于农村天主教的摄影专题定名为"乡村洋教"，并把照片制成幻灯，与来访的国内外影友进行交流。有位影友看到幻灯片后受到启发，不仅来陕西，还深入山东、河南、云南等省，常年扎进教民中作采访，他的行为还曾被误解而没收相机受到监控。

我拍摄乡村洋教，并不十分关注洋教本身，我更注重关中农民究竟怎样看待洋教，洋教又怎样改变着关中农民的生活方式。总之，我尽量用一颗平常心去拍摄宗教观念影响下的普通农民的日常生活。

洋教在陕西的传播，最早可追溯到1000多年前的唐朝。在西安以西90公里的周至县五郡庄大秦寺出土的景教石碑，翔实记录了基督徒阿罗本于635年首次把基督教带入长安的情景。经过千年的坎坷岁月，洋教不断演变发展成为符合国情的中国天主教。

"文革"期间，天主教遭到浩劫，神父大都被关押，本不算豪华的教堂几乎全部被夷为平地。教民被迫"改邪归正"，返朴还俗。1984年我在凤翔采访时，看见教民虽然已经可以公开进行教事活动，但没有教堂。每逢重大节日，他们只能跪在原教堂的遗址的露天广场上做弥撒，而日常祈祷与礼拜时，许多教民干脆在自己家庭院落举行。

目前在中国流行的五大宗教中，经文系统、程序严谨、仪式隆重者应首推天主教。20世纪80年代中期以后，随着经济复苏，农民收入增加，尤其是1982年12月中国新宪法颁布后，乡村洋教得以迅速兴起，被占被毁的教堂及遗址退还教会。教民自愿出钱出力，大兴土木，随后一座座欧式建筑雨后春笋般耸立起来。这期间，陕西农村最惹眼、最明显的变化莫过于修农舍、建教堂、盖学校。而教堂、庙宇的建设速度、建筑质量远远超过学校。一时间，在辽阔的三秦大地自然村落中涌现出一座座圆拱尖顶的天主堂，给古老的灰色农村增添了一丝华丽色彩。

据陕西省爱卫会秘书长渠小玲女士介绍，目前全省共有西安、榆林、延安、咸阳、宝鸡、汉中、安康9个教区，大小教堂300余所，教民28万。

在农村，在社会的最底层，问"为什么信天主教"，回答说"相信人有灵魂，人来到世上有原罪，犯有本罪，只有天主才能拯救灵魂，才能使自己将来进入天堂，不至于灵魂受罪"。这倒十分符合中国农民既实在又实用的人生哲学。记得一位伟人说过，中国农民没有固定信仰，他们只是在家人有病、老婆不育的时候才信神讲佛，一旦病好了，孩子生下来了，就把神和佛忘了。事实正是这样，中国人尤其中国农民敬神不信神，见庙就烧香，见神就磕头。虽然说不出子丑寅卯，但对己对人并无害处。这种现象的产生，不单单源于人们顺从的传统心态，以及人性本善的追求，也是长期极左政治桎梏一旦松绑后的反弹。其次，社会权力机构腐败横生，最底层民众有看法无办法，产生逆反心理，寻求心理慰藉，也是他们纷纷入教的一个重要原因。但是，中国农民敬畏、厚道、与人为善的心理，是千真万确的，我常常被教民们的慈悲、虔诚、友爱深深感动。

在家庭院落和后来全部进入教堂做弥撒、告解和忏悔，已成为教民生活不可缺少的组成部分。婆媳不和、夫妻吵架、邻里怄气、孩子升学、老人生病，凡是遇到人生大计或与日常生活密切相关的事情，教民们都去教堂求神父做祷告，而神父也像中国寺庙的住持一样，有求必应。

1987年5月1日，我采访了中国天主教北方圣地跑窝教堂。

跑窝是一个县界村，被秦岭深处流出的泥峪河隔在眉县境内，但跑窝教堂仍属河东的周至教区管辖。

小小的跑窝村像婴儿般安详地躺在巍峨的群山怀抱中。适值阳春，四野一片绿油油的麦苗和黄澄澄的油菜花，加上一团团雪白的梨花、粉红的桃花，简直像锦缎一样飘浮在跑窝村的前后左右。春雨初歇，空气极为洁净，繁花的阵阵幽香扑鼻而来。悠扬的钟声一波冲击一波，最终消失在淡蓝色的远山丛中。遥望河的西边，林木间露出一座教堂的尖顶。

　　跑窝村及跑窝天主教堂曾经有过几度沧桑。最初这个村子不叫跑窝，只因地处秦岭北麓，古时人迹罕至，常有野豹出没，故称豹窝。据载，跑窝教堂初建于清康熙末年，当时有一位在罗马教廷攻读《圣经》的陕西汉中籍神父比约·刘，觉得中国信徒要千里迢迢去加尔瓦洛山朝圣，十分不便，就向教宗提议，在中国觅地建一座十字山圣地，获得教宗允诺。于是他花了两年时间，沿着秦岭勘探地形，发现终南山下的豹窝与加尔瓦洛山地貌极似，便在这里建立教堂。按大主教规定，每年5月4日（寻获十字架瞻礼）和9月14日（光荣十字架瞻礼）为朝圣日。每逢圣日，邻近各县教民以及广州、云南、四川、河北、山西和东北三省近两万教民都会不辞劳苦，风尘仆仆地前来朝圣礼拜。到了雍正年间，清廷下令禁教，许多神父及信徒都遭镇压，教堂被夷为平地。不过这只是天主教厄运的开始，到了1929年，适逢陕西大旱，土匪到处横行，重建后的教堂变成匪窝，军队用大炮轰击，欲为民除害，教堂基座和村子里因而留下累累炮坑，于是豹窝便被称为"炮窝"。时间久了，"炮"字被念写成"跑"字，炮窝村也就成了跑窝村。

　　1987年，只有70户人家200多人的跑窝村，再度集资自建了今日我们所看到的这座欧式教堂。同时，在教堂右边的山坡上还建了圣母堂。

　　跑窝教堂属于周至教区管辖，全教区约有教民10万人。每逢星期天，教民们迎着悠悠钟声来到教堂。待神父起身进场时，有半个足球场大小的教堂内已分男左女右跪满黑压压的信徒，中间留一条通道作为"楚河汉界"，以示男女有别。通道尽头的祭台边放着一口大缸，缸身上贴有"圣水"字样的红纸和十字标记。诗乐班由清一色的男教徒组成，他们跪在男班的最前头，手握笛、笙、锣、鼓、胡琴、唢呐、大号、单簧管吹奏着神曲。中西合璧的乐器奏出的《弥撒曲》出奇得浑厚和谐，只是偶尔会滑出一两声高亢的秦腔。神父身着五颜六色花边的白袍，头上顶着棕色带绒耳的棉帽，站在教民面前。虽然显得有点儿不伦不类，倒也自我沉浸在一种肃穆的气氛中。率众忏悔后，神父用拉丁调的秦腔朗诵经文。轮到答唱咏的时候，信徒们随着修女的风琴声，一板一眼地哼起颂词跟神父应和。最虔诚的是那些六七十岁的老妪们，她们双手合十，置于胸前，紧闭双目，神入境界，常常跪上 1 个多小时，纹丝不动。孩子们大概也被这肃穆的气氛感染，虽然有的跪着，有的坐着，有的躺在红砖铺成的地面上，但并不吵闹。

祭台的陈设呈现出浓厚的中国味道，祭台后墙上画着一幅巨大的耶稣受难像，两旁挂着对联。上联曰"目立无形纯妙主"，下联曰"诞生有缘绝奇人"，横批"开通天国路"，也算是入乡随俗了。祭台下一尊被钉在十字架上的耶稣像与真人一般大小，造型生动，神情痛苦，一位老翁正抱着他的赤脚亲吻，不时有信徒把钱币投进十字架下的红色木制捐献箱内。

弥撒结束时，神父号召信徒往教堂后边的豹子山搬运砖瓦木料。教会决定在山上兴建"圣心堂"，每次做完弥撒，信徒们都要为圣心堂做一次无私的奉献。待我从教堂出来，只见信徒们已纷纷肩扛手提，盘绕在数百米长的山间小径上了。

任何外来事物要在中国落脚生存发展，就必须与中国实际相结合。天主教正是在多次传教失败的惨痛教训中，走出了一条现实主义的路子——尊重中国的伦理孝道，适应中国的传统文化。从多利伽开始，经奏请教皇批准，中国天主教被允许用汉语唱经，用中国民族乐器伴奏。中国教民甚至可以因地制宜，在家庭院落做弥撒、拜天主。这使他们突破物质条件的局限，获得最大限度的活动自由，从而吸引了众多的农民接受并虔诚地信奉耶稣和圣玛利亚。而天主教的教义形式也逐渐浸透在中国农民的婚嫁丧葬及日常生活中，甚至改变了数千年的春节习俗。

春节是中国人最传统、最盛大、最隆重的节日。从腊月二十三祭灶直至来年正月十五近一个月的时间，是国人狂欢喜庆的时刻。这时的关中农村，正是家家户户贴门神挂楹联、放鞭炮吃水饺、穿新衣戴新帽、张灯结彩忘乎所以之际。然而，一旦入教接受洗礼，这千年习俗便被废黜了。入教的农户，春节与平日一样，不再"过年"。而教民的节日是圣诞节、复活节。有些教民抑或不忍完全与民族习俗决裂，抑或无法摆脱春节热闹气氛的诱惑，把传统的秦琼、敬德门神换成十字架贴在门户上，以求与整个村子节日气氛的协调。因春节正值农闲，教民无事可做，也参与俗民的春节活动。有些教民值此惦念着主教、神父，于是串联起来，提着水果、点心，吹奏神曲，带着少儿表演队，前去教堂为主教、神父拜年或祝寿。在愉快的氛围里，主教、神父与教民们一起度过中国式的春节。

乡村农民教友的婚礼大都不在教堂举行，他们似乎还没有在教堂接受神父证婚和洗礼的习惯。他们的结婚仪式一般都在自己家中举行。由于来客较多，常常会在院落或村头空地搭起塑料彩条棚，棚中挂耶稣像，供奉十字架，两旁点燃红色蜡烛，新人婚礼就在大棚中举行。他们没有特殊的礼服，而是与俗民一样，男蓝女红，胸前斜挂丝绸被面。主持人指挥他们一拜天主，二拜高堂及夫妻对拜，宣读结婚证书，来宾、亲属讲话祝贺，随后大开筵席大敬大让大吃大喝，直到红日西沉，月上枝头，婚宴才告大捷。

中国人薄养厚葬，这在天主教民中也得以显现，因此，其葬礼也就复杂讲究得多。凤翔县北山一张姓教民去世，亲属们按照自己所理解的教规，在院庭中挂起一张花床单，床单上贴着耶稣像和十字架，下方摆一长条桌，桌上的空酒瓶插着点燃的蜡烛。这样下来，一个简陋而又肃穆的灵堂就搭好了。在灵堂旁砌有临时锅灶，请来的厨师与邻里帮忙的妇女们穿梭忙碌在灵堂周围。直系亲友一律身着白衣孝服，甚至连鞋面也缝一层白布。近邻与好友只要穿件白色外衣即可，有的干脆穿件医生的白大褂替代孝服。主持仪式的神父首先念有关经文，为死者亡灵做祷告。死者若是出自乡里村上有影响、有地位、有实力的人家，甚至可以请来主教为其做弥撒。神父、主教出动，根据不同情况，教民都会付他们百十不等的费用以及土特产品。

在这里天主教丧礼也讲究守灵，孝子贤孙跪守一旁，24 小时灯火不灭。吹手根据主人点谱，认真地吹奏曲调低沉、节奏缓慢的乐曲，上了年纪的人则喜欢吹手们演奏高亢激越的秦腔。

掩埋张老汉是在一个晴朗的早晨。黎明时分，神父起床，来到灵堂。此时亲属和村里的教民早已跪在灵堂的耶稣像前，神父开始讲经。经文大致是总结人生、祈祷来世的内容。神父讲经期间，不时伴有众人的随唱。灵堂对面的锅灶上热气腾腾，在神父宣讲经文时，厨师们也跪下来，双手合十，随吟随唱。大约 1 个多小时冗长繁杂的弥撒结束后，众人进餐。

当诗乐班的合奏激荡起雄浑的乐曲时，抬张老汉灵柩的队伍一字排开，孝子开路，神父居前，亲友随从夹在中间，在蟒纸幡旗花圈的引领下浩浩荡荡，仿佛一条游荡不定的长龙离开张老汉居住了一世的村庄，走向坟地。灵柩入土前，仍由神父念经并洒圣水，诗乐班不时吹奏着或低沉或肃穆或抒情的曲调。其实大多是些流行歌曲，而吹奏最多的是风靡一时的《铁窗泪》。当一个立着十字架的新坟堆起来时，人们四散着回村，葬礼宣告结束。

土地承包后，农民有了充足的空闲时间，尤其是在北方商品经济不甚发达的地区，这为天主教的传播提供了有利的条件。中国农民大都处于物资短缺、文化水平较低的原野山区，文化活动的匮乏使他们对一般的集会十分渴望与重视。每逢教堂落成、教会盛典，各教区都组织教民自带诗乐班和祝词贺礼，或乘车或步行，风尘仆仆前去热闹一番。他们每人都会获得一张免费餐票，教事完毕，凭票享用烩菜、馒头，饱食一顿。成千上万人参与的盛大活动，要保证人人吃饱，教会常常需要十天半月的准备。就餐的地方一般选在邻近的学校或村边的旷野。临时垒起的土灶一字形排开，每灶安上一口直径一米多的大锅，那是名副其实的大锅饭。

1999年4月，西安教区围棋寨教堂举行盛大落成典礼，方圆数十里几个教区和村落的教民有组织地前去庆贺。因来人太多，只好在教堂外另搭设主席台。上午10时，在庄重的弥撒曲中，盛典开始。各教会的教民高举幡旗，由自己的社火队领路，顺序通过主席台，接受主教、神父等神职人员，以及当地行政干部的检阅。游行长达4个小时，直到下午2点左右才告结束。走得又渴又累的教民们被安排在一所小学操场上用餐休息，然后自个儿返回。

从玛雅格时代开始，天主教的传播者就悟出一个道理：在异国行事，必须高度注重该国的传统文化，必须使自己从事的事业适应当事国社会的整体要求和人民群众的风俗习惯，即所谓"先适应生存，再谋求发展"。尽管天主教在中国传播的千余年间几经挫折，但最终得以生存和延续，最重要的就是能够与时俱进，不断修正调整自己，使之成为"中国天主教"。

虽然关中人保持着入教不信教的涣散与自由，但每逢教事活动，都会热情参加隆重的仪式。

擂鼓做法事（扶风县）　2009 年摄

法门寺和尚恭迎佛祖舍利（扶风县） 2009 年摄

众信徒跪拜迎舍利（扶风县）　2009 年摄

做法事的僧人（扶风县）　2009 年摄

击钟的和尚（扶风县）　2009年摄

雨中打伞的僧人（扶风县） 2009 年摄

信众雨中拜舍利（扶风县）　2009 年摄

虔诚的居士（西安市）　1996 年摄

打造佛像（宝鸡县）　1990 年摄

做法事的道士（周至县） 1992 年摄

耕地种粮的道士（周至县）　1992 年摄

开斋节时西安坊上回民做祈祷（西安市） 1990年摄

喜迎开斋节（西安市）　1990 年摄

天主教徒朝拜十字山（眉县）　1992 年摄

告解（户县） 2012 年摄

信天主教的农民

　　一位伟人曾说过：中国农民没有固定信仰，有的只是非常实用的生存理念。虽然基督徒阿罗本远在隋唐时就把该教传入当时的中国长安，虽然西方传教士们呕心沥血、前赴后继地传教布道，但是，关中教民们却始终保持着自己入教不信教的涣散与自由。然而，他们毕竟形式上接受了教规，祭奉了基督，于是带来关中农民日常生活及习俗的变化。我第一次见到教民集体吟唱《圣经》是 1978 年，也就从那时起，我开始关注教民的生产和生活，并用摄影机系统地记录了这些虽然日常却又非同一般的镜头。我看到教堂、十字架、基督像和《圣经》在教民的村落、居室、门窗等环境中无处不在；我看到在教民的婚礼、丧葬以及日常活动中都会祈祷、告解；与此同时，我更看到教民的所有活动都无法摆脱中国传统文化、礼仪和习俗的影响与制约。

朝山途中（眉县） 1996 年摄

由中西乐器合成的诗乐班走街串巷祝福春节（凤翔县）　1986 年摄

教民在自己的家庭院落进行祈祷活动（凤翔县）　1988 年摄

文革后，最早由教民集资修建的跑窝教堂（眉县）　1987年摄

教民把传统的"门神"换成十字架贴在门上并配写楹联（凤翔县） 1994 摄

曾经的大队部墙上绘有耶稣遇难图（兴平市） 1997 年摄

农忙季节，教民很少想到基督（兴平市） 1998 年摄

冬天闲暇时，神职人员组织教民诵经（定边县）　2002 年摄

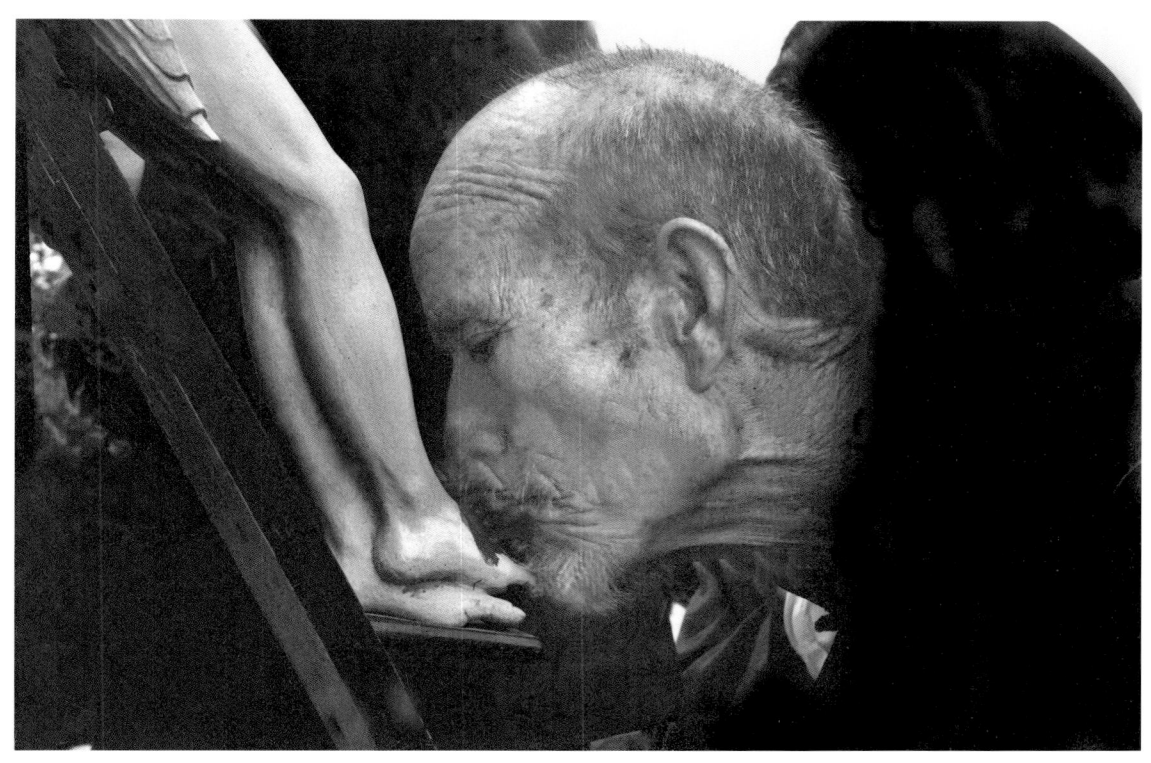

虔诚的吻（周至县） 1987 年摄

礼拜之后（眉县）　　1990 年摄

在安葬已故主教的仪式上，一位俗民女子经过修女队列（凤翔县）　1995 年摄

教民的婚礼除了拜十字架，与农家婚礼仪式大致相同（凤翔县）　1987 年摄

亲人去世，教民仍然披麻戴孝、守灵、唱大戏（凤翔县）　1998 年摄

平安夜教民集体诵经（宝鸡市） 1997 年摄

在炕头做弥撒（岐山县）　1989 年摄

欢快的孩子（户县）　2003 年摄

教民家中"过事"，开筵前会请神父做祈祷（凤翔县） 1996 年摄

社 火

社火是关中老百姓少不了的文化娱乐活动，只不过不像秦腔那样时常演、时常看。社火一般只在春节期间，更准确地说，只在正月十五的元宵节期间耍闹。

社火是戏剧的前身。社火分文社火、武社火。文社火既说唱又表演，并配管弦乐伴奏；而武社火则用脸谱、造型讲故事，游演时锣鼓开道，演员只扎势亮相，不说不唱，像现代西方街头的"人塑"。

与甘肃省接壤的宝鸡县凤阁岭一带，偏僻封闭，但民间文化历史悠久，至今保留着较为原始的文社火。50岁的社火丑角王焱介绍说："我们这里贫穷，文化活动很少，一年到头百姓最多看一场戏。地处深山，无路也无车，过年期间只能烧堆柴，像围着篝火那样耍的耍、看的看。因没有灯光，当地人又称这种活动为黑社火。黑社火最活泛，想唱就唱，想舞就舞，唱词与曲子都由师傅亲口传授，一概用乡土语言演唱，群众喜闻乐见。我扮演的角色较多，生丑净旦样样会来，但主要演媒婆。黑社火不唱帝王将相，唱的全是百姓民间的生活故事，比如《拉骆驼》《扬燕麦》《小姑贤》《绣鸳鸯》《拐干妹》《亲家母打架》。1999年，香港凤凰卫视专程来宝鸡为我们拍了专题。"王焱最后说："黑社火现在不受欢迎了，年轻人喜欢跳舞、唱歌、打牌，电视也普及了，谁还看这些过时的旧东西。"

社火是对芯子、高跷、竹马、旱船、狮子、龙灯等演艺活动的统称。社火也叫社戏。据说，"火"与"戏"在关中古语中同音，后人误传误写为"火"，沿用至今。但就现在的字面意思理解，也是很合实际的。"社"指神、会，也有公共、共同的含义；"火"则有热闹、快活的指向。社火很容易被理解为与祭祀有关的公众热闹快活的娱乐活动。因此，外国人把中国的元宵节誉为"东方的狂欢节"。

社火中的所有角色几乎都来自正史、野史和传说演义，大都是有据可考、有名有姓的历史人物，比如《封神榜》中的姜太公、闻太师，《三国演义》中的曹操、刘备、姜维、诸葛亮，《寒窑》中的王宝钏、薛平贵，《白蛇传》中的法海、许仙等。有意思的是，当今的关中社火把现代人也列入其中。1999年春节，在东府合阳，我就看到社火中多了《红灯记》里的李玉和、李铁梅，《沙家浜》里的郭建光、阿庆嫂，以及抗美援朝中的志愿军、"文革"中的赤脚医生的形象。由于许多历史故事就发生在关中大地上，关中百姓在一年一度的社火活动中重温历史，重新体验了创造历史的自豪感。

由于社火分文社火和武社火，所用乐器不同，使人想起具有悠久历史的民间乐社。它们不是严密而专业的音乐团体，多为自愿组合带自娱性的松散结构。乐社分两类：一类是由锣鼓、铙等打击乐器组成；一类由笙、管、箫、笛等吹奏乐器组成。前者被称为铜器乐社，后者被称为细乐社。乐谱沿用宋代俗字记录的古代传统音乐，其中保留着相当丰富的唐代燕乐遗音。在现在的长安、蓝田、周至等地的会社里，仍然可以看到这些乐器。

"天府之国"的关中，东西地跨数百里，南北近千里，素有丰厚的文化积淀，因此，社火种类很多。其中最有关中特色的，要数牛社火、马社火、快火、纸火和血火（也称血故事）。

关中东府地势平坦，农耕发达。牛是农民密切的伙伴，无论日常耕地、经商运输，都是不可或缺的重要工具，以前也是农民财富的象征。耍社火闹元宵在于祭天祭神祭祖先，庆贺丰收，企盼发展。农民选择自家强壮的秦川牛，给它们披红戴花，沿着村庄田垄巡游，这就是有名的牛社火。牛社火既有团拜祝福的心愿，又有展示财富的含义。

　　西府山地和丘陵较多，骡马更加实用，况且周秦时代那里就有养马的优良传统，因此这里的马社火全省闻名。乔装打扮的演员们骑在马背上扎势亮相，顺着山路逶迤前行，别是一番景象。随着社会进步，拖拉机、汽车进入农民生活中，车社火有逐渐全揽的趋势。表演车社火时，车体要用花床单裹起来，演员或站或坐在被固定于车内的凳子或钢筋上，按故事情节中的打斗翻腾动作一律定格，随车体移动游演村头街尾。由于剧情需要人中架人，成人体重太大，只能选择七八岁甚至四五岁的男女儿童担当角色。这些被选中的孩子都有崇高的自豪感，因为这样会提高他们在村中的威望，受到落选孩子的羡慕。而从大人的角度理解，凡被选中的儿童，全年将避邪消灾不生百病。然而，这神圣又光荣的差事，实际上让小孩子吃了大苦。

　　天不亮，小演员们就被大人摇醒，强行拉出热乎乎的被窝，化妆成生旦净末丑。化妆师都是村上祖传的老把式。我曾仔细比较过东西两府化装师的"作品"：东府追求粗犷野性，常常把角色的脸当成"生宣"，大写意式地涂抹几笔，保持一个基本大形即可；而西府的脸谱，好像是在熟宣上画工笔，一丝不苟，定型后的脸谱，细腻工整，不亚于大城市专业剧团的化装水平。化妆后的孩子们被扶上钢架，用宽长的布条把他们结结实实地固定下来，然后穿上戏装，掩盖住被捆绑的胳膊腿脚。出发前只给孩子吃几个鸡蛋，绝对不给喝水，以防中途小解。天真的孩子们兴高采烈，乐悠悠上了钢架，还挤眉弄眼，相互嬉戏。可是过不了多久，他们就感到失去自由的痛苦，有的甚至默默地流眼泪。

一切准备停当，已近中午，司机拿手摇把与助手合力摇转发动点火。一番周折后，拖拉机才懒洋洋地吐出阵阵青烟，发出嘟嘟响声。司机见车已发动，收了摇把启动机车，在凹凸不平的土路上摇摇晃晃地游动起来。小演员们像没有了筋骨，一左一右，一前一后地随着车轮的颠簸，像醉汉般飘动着。一阵寒风吹来，五颜六色的龙旗伴随着喧天的锣鼓，以及阵阵剧烈爆响的鞭炮声，猎猎展动，把个宁静了一年的山村耍活得如醉如痴，直到日斜西天。大半天的风吹日晒、颠簸游荡，早晨还充满活力的"小包公""小诸葛""小白蛇"们一个个垂头昏睡，歪了脑袋，没了灵气。

社火中的绝活极品要数宝鸡县赤沙镇的"快火"、合阳县岱堡村的"血火"以及周县的"纸火"。

宝鸡县赤沙镇位于陇山深处，地理位置偏僻，交通闭塞，较少受外来文化影响，因而完整地继承保护了独具特点的传统快火。赤沙快火取材《水浒传》武松为兄报仇，血溅狮子楼砍杀西门庆及其同党的故事。化装师吴杰老人的儿子吴福来告诉笔者，快火只装13个身子，除武松、武大郎外，潘金莲被武松踢入酒缸，其余恶人或被木凳砸进脑袋，或被镰刀砍入脖子，或被利斧劈了脸面，或被锥子刺入额头……总之，置恶人于死地的武器，清一色全是农具，更增添了痛快解馋的乡土气息。在宝鸡一带的方言中，"快"有"残厉""畅快""解恨"的多重含义。而这种活动的内容与主题是扬善抑恶，于是百姓把这种寓教于乐的活动称"快火"。

快火在赤沙镇已有近百年历史。2001年5月，赤沙快火还应德国邀请前去表演。2002年春节过后，听说赤沙正月十五又要耍快火，我冒雪赶到那里后得知，初二时69岁的化装师吴杰去世了，另一位化装师傅辉和吴老先生的儿子继承了这门手艺。据他们讲，相传清末年间，有一河南铁匠来到赤沙三寺村时突然病倒了，村里人厚道，热情接纳了铁匠并帮他治病。病愈后，铁匠临走时打了一套"家伙"回报三寺村村民并教会他们化装游演，快火就这样流传下来。快火化装是绝对保密的，即便是本村本族的人，也只传男不传女，只传本族不传外村，因此，在整个西府地区，只有赤沙才有快火。

合阳县孟庄乡岱堡村位于东府的渭北高原，黄河西岸。据了解，这里的"血火"已有150年历史。与赤沙快火不同的是，血火并不拘泥于一个故事，而是把历史上的名恶首腐一个个刀劈枪刺，使之黑血洒地、心露肠流。血火用的武器基本为正式兵器，暗示老百姓对清廉公正的国家政权的向往和拥戴。血火的准备工作十分复杂，天不亮，人们就得起床进行化装，直到九十点钟方可完成。装扮好的演员一律在彩车中亮相，铳子手们围在彩车两旁，悄悄地点燃铳子。随着"轰轰"剧烈的爆响，浓烟升腾，遮蔽了彩车。就在这一刹那，演员们完成了名恶首腐被杀被戳的动作。随着烟雾散去，人们看见那些恶贯满盈的腐恶分子血淋淋的肠肚撒了一地。血火用的肠肚之类道具，全是日前杀猪宰羊时预留下来的牲畜内脏，因此十分逼真。正月天气，关中大地仍然是冰天雪地，可演员们却要光膀露身，只穿一件古装戏裤。如遇雨雪天气，仍要坚持游演七八个小时。途中有人不停地用烧酒为他们擦身祛寒，据说这样可以预防感冒。扮演血火是件十分辛苦的差事，可村民们仍然力争被选。这样做并不是为会社组织发给的两元钱劳务费，主要是图吉利。据说，扮演血火的人从来没有因赤身露背而生病的。

周至县地处关中腹地，终南山下，渭河南岸，秦汉时为皇家游猎的上林苑。中国道教鼻祖李聃在周至的楼观台授《道德经》五千言，不久谢世，葬于西楼观。纸火是祭祀李聃的重要祭品。

　　周至的庙会很多，"十八会"就是远近闻名的一年一度的庙会。庙会由各会社轮流坐庄组织实施。到了正会这天，各村堡的会社组织群众带上自己精心制作的纸火，在彩旗仪仗的护卫下，由锣鼓开道，浩浩荡荡游演至中心会场。2001年正月十八一大早，方圆数十里的乡亲们陆续来到终南山下的侯家坡看热闹。这次庙会轮到侯家坡村坐庄，待我们驱车赶到时，村头田间早已是人山人海。人们乱蜂一般，追逐围观"纸火"车队。从上三屯仪仗队的牌匾上可以看到这样的对联："六出雪花生兆瑞屯田显见屡丰年，老王千载香火盛爷从唐代亲口封。"一问才知，"十八会"所敬奉的神是从唐代就有的。但根据《周至县志》记载，2000多年前，秦始皇在楼观台建立清庙，谒祀老子，是中国庙会的先声，应该说周至庙会源远流长。

　　周至纸火在关中绝无仅有，闻名遐迩。纸火造型有亭子、牌楼、宫殿等。农民们用自己粗壮而灵巧的双手，用五颜六色的彩纸、金纸和银纸，以黍秆做龙骨，扎成亭台楼阁，并镶嵌景德镇出品的大小不一的陶瓷套盘，甚是严谨精巧。亭台楼阁上有纸塑人物，人物头部用黄泥捏成，墨描粉面，栩栩如生。亭子造型的品种，一亭塑一人；牌楼造型的品种，分上下两层，每层有一组人物；宫殿造型的品种为多层，帝王将相神仙粉黛亮相其中，表现的大都是与其他社火相同的历史故事或民间传说。如《别窑》《祭灵》《斩秦英》《下河东》《草坡面礼》《三气周瑜》《花亭相会》等，众人抬着纸火，在成千上万人的簇拥下，绕村串乡，最后停放在设有中心会场的麦田里。待各路纸火会齐后，让人仔细观看欣赏。这时各会社的锣鼓家伙一起敲打起来，随从的秧歌、狮子舞，以及在周至颇有名气的"牛虎斗"等传统节目也尽情表演一番。人们正在尽兴，突然一个个由氢气球吊起来的纸人腾空而起，这些纸人均系传说中主管福、禄、寿、水、火、土的神仙。人们眼睁睁看着它们在气球的牵引下升到高空，飘向西天。其余纸火在锣鼓彩旗带领下，穿过村庄，游演到供奉"三爷"的神棚前，经过一番仪式，在剧烈的铳子声中被焚之一炬。

　　20世纪90年代初，我曾经采访过老子讲述《道德经》的楼观庙会。每逢农历二月十五，西楼观都要举办祭拜老子的庙会。那天，汇集来的各村纸火游演后，定会抬到李聃的山上行宫。开路的是身着古装、手提丈八偃月刀的大汉，被称作"通灵"。据说，俗人是通过他与各路神仙取得沟通，并传递信息的。当纸火队伍在他的引领下盘上山路来到行宫时，"通灵"对着香火和人群，默念咒语，挥舞大刀，直到筋疲力尽倒在地上。只见他嘴对大地，悄悄说了些什么后被人抬走。我问其中缘由，回答说"通灵"叫醒了老子，他已经完成了使命。此时，鞭炮声、铳子声响成一片。众人下跪磕头，朝拜老子。突然，烈焰冲天，浓烟滚滚，所有纸火被瞬间点燃，顿时化作烟灰，随风飘向天空。有人大喊道："老子收了纸火了。"人们随即四散而去，庙会到此结束。

社火是戏剧的前身。关中社火种类繁多，有快火、纸活、牛社火、马社火和现代的车社火。耍社火在正月进行，正月被誉为"关中人的狂欢节"。

游演的社火（陇县）　2011 年摄

包公一直是社火中的主角（西安市）　1994 年摄

正月的山村（千阳县） 1998 年摄

合阳血故事（合阳县）　1999 年摄

西安三兆的血故事（西安市）　1998 年摄

宝鸡赤沙的快火之一　　1990 年摄

宝鸡赤沙的快活之一　1998 年摄

用架子车游演社火（宝鸡县）　1989 年摄

用手扶拖拉机游演社火（宝鸡县）　1998 年摄

用拖拉机游演社火（合阳县）　1999 年摄

陇县的马社火　1998 年摄

芯子（陇县）　2012 年摄

新社火（陇县） 2012 年摄

社火演员（陇县）　2011 年摄

凌晨四五点就起身化装（合阳县）　1999 年摄

挂在氢气球上的纸社火（周至县） 2001 年摄

周至县的纸社火　1986 年摄

纸社火的材料主要是黍秆、彩纸（周至县） 2010 年摄

纸社火造型也是历史故事中的人物形象（周至县）　2010 年摄

飘荡在人群中的纸火（周至县） 2001年摄

合阳县东雷村的"上锣鼓" 2010 年摄

锣鼓是社火离不了的重要乐器（富平县）　2009 年摄

鼓手情不自禁跳上鼓边击边跳，称为"上锣鼓"（合阳县）　2010年摄

419

社火中增加了计划生育等新内容（西安市）　1994 年摄

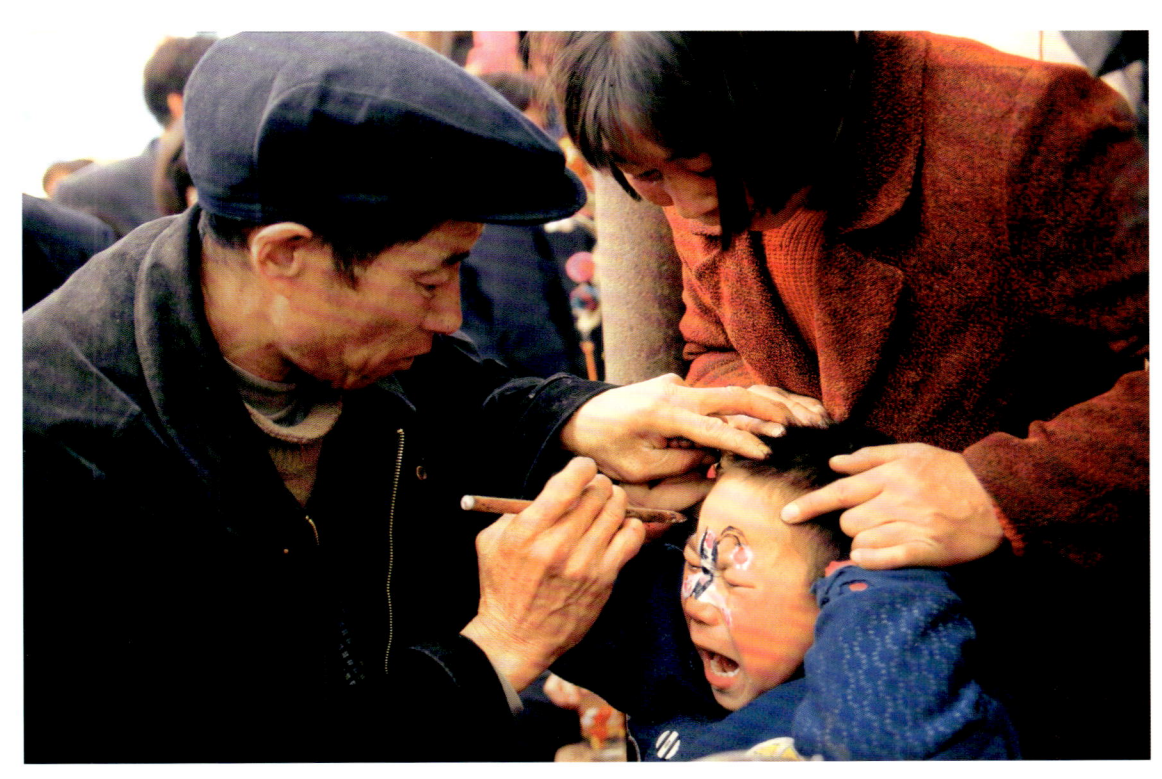

孩子被选上当演员，父母认为是幸事（合阳县）　1989 年摄

社火头（户县） 2001 年摄

难得尽兴（周至县） 2001 年摄

西府社火脸谱　1989 年摄

东府社火脸谱　2010 年摄

秦腔

　　小时候跟随爷爷在田里干活，时间一长，老人总是以手撑腰，缓缓地直起身来，随即敞喉喝喊"王朝马汉一声叫——"，来段秦腔，平胸利肺，舒筋展骨，把聚积其中的劳苦困乏一股脑儿呼吐出去。我虽然不懂他喝喊的是什么，更没有他老人家的生活体验，但受那高亢激越的肺腑之音的感染，也会跟着乱喊乱叫几声。喊完唱罢，爷爷就像抽了一袋旱烟，吃了一碗黏面，精神抖擞地继续干活去了。

　　秦人喜欢秦腔，离不开秦腔，就像离不开热炕、秦椒、西凤酒、臊子面一样。秦腔是中国最古老的传统戏剧。秦腔有快板，有慢板。听了快板，能叫伤心的人欢快起来；听了慢板，又能叫欢快的人伤心落泪。秦腔中最能"震"人心肺的是大净，大净的吼叫声，像是雨天的炸雷，能把人身心炸碎。激得你浑身热血沸腾，手脚发抖，简直不亚于现代迪厅中的高强音响。还记得当年爷爷带我去县城看戏，戏毕了，要翻山过河赶夜路返回。前后一片漆黑，总觉得有狼双眼泛着绿光紧追在身后，吓得我一会儿跑到爷爷身前，一会儿躲在爷爷身后。正当我不知所措时，猛然听见爷爷憋足力气，吼出一段《杨家将》唱腔，悲怆高扬，回音漫山。顿时，身前身后好像有了千军万马，使我添了胆量，紧张害怕的心情一下子化为乌有。要说最能感染人的还算秦腔中的青衣，其唱腔娇嗔柔韵，圆润甘美，常常把看戏人弄得揪心断肠，张口难合。记得1996年著名秦腔表演艺术家肖若兰谢世，易俗社门前连续三天挑灯夜唱，那懒软凄柔的曲调把台下人听得个个泪流满面，抽泣不已。

　　关中人习惯把真人演出的秦腔剧称为"大戏"。逢年过节、婚丧嫁娶、生日祝寿、庆典庙会都唱大戏。那时，戏场子挤满了人，溢出来实在挤不进去的便在村前树头、山坡沟底、墙背房顶寻找自己的立足点。

台上净末对唱，忠奸互骂，台下情绪起伏，要死要活。而那些尚能保持冷静、自主意识较强的大姑娘、小伙子们，则各自欣赏着刚烈生猛的大净、粉面柳腰的旦角，他们指指画画，窃窃私语，间或掀起凌厉的口哨和吆喝狂潮。关中人生子用秦腔相迎，送终用秦腔告别，大喜用秦腔祝贺，大悲用秦腔宣泄。人生一辈子，秦人的世界简直就是秦腔的舞台，过不完的生旦净丑，演不完的人生戏剧，秦腔深深地铭刻在关中人的生命基因中。

关中人旧时把秦腔演员称为"戏子"，至今在许多地方仍然保留着这种称谓。正月里或农闲时，在秦陇山坡或渭水平原的村落间，常常可听见一声声尖利的喊叫："戏子来了！"村民们闻声呼啦提凳掩门，跑出家院，急促汇集在台前幕后，围观盼望已久的戏子。

戏子大都年轻，十几二十岁。有来自城镇，有出身乡村，有戏校毕业生，有拜师学徒者。虽都勤奋，却更实际。我曾问他们："为什么学戏？"一位女生说："家居山区，生活贫困，托亲戚说情，来到剧团唱戏，实为挣钱孝敬父母。"麟游县剧团的一位小姐说，她毕业于艺校，但并不想显山露水争当名角，"自己只图一个稳定的供职单位和工作"。可如今电视普及，歌厅遍地，大众文化娱乐的消费方式多元并存，秦腔剧团的市场份额越来越少，早已失去往昔的红火与稳定，割亲断奶的市场经济，也早已把剧团推进自负盈亏的商潮中。据麟游县一位"台柱子"老演员介绍说，剧团生存全靠自己，不但要养剧团，还要给主管部门上缴创收。每年演出260多天，才能保住人均300元的基本工资。当然演员月资并不等，最高400元，最低200元。

下乡演出，对于地方小剧团来说，是十分艰辛的事情。他们不像省会剧团，更无法与央视心连心慰问团相比，下到基层有专门机构接待，管吃管住，临走还要送土特产。地方小剧团下乡演戏，全靠自己主动联系，大都是最底层的山村。条件好些的村子盖了"希望小学"，戏子来了，腾出教室，就地铺上麦草，演员们解开自带被褥，铺在麦草上，落座休息。冬季里，虽然山村阳光明媚，但寒风不止。风和阳光一起从墙缝、门缝、窗缝挤进教室。风，不时卷起麦草，悬空飘荡；阳光像被剔除了热量，冷冷地洒在地铺上。晚上更难耐，演员常常和衣而睡。尽管喊唱了半夜，临睡前却不敢多喝水，怕起夜。起夜太痛苦了，刚钻出被窝，可怜的一点儿暖气即刻消散。从外面回来，带着一身冷气，被窝也变成冰柜，人钻进去，长时间回不过热气来，久久不能入睡。

演员在山村吃的是派饭，每户分几位。若逢年节，乡亲们十分热情地倾尽家中好酒好肉招待。有了这一片热情回荡在心中，演员们会认认真真演戏。一声声轩昂、凄婉、凌厉、悠长的唱词，道出关中人千年历史、百年企盼，道出戏子的甘苦痴情、人生体验。乡亲们明白，这回肠荡气的快活，都是戏子带来的。

关中还盛行"小戏"。小戏即木偶、皮影之类由人操弄伴唱的戏剧。"小戏"班子人少，行头少，花费少，非常适合经济滞后地区百姓的文化娱乐需求。地处穷乡僻壤的农家人娶亲生子过满月，祝寿埋人盖新房，随请随到。以皮影为例，戏台简易得只需一张纱幕一盏灯，再加上三四个乐手、一两个撑竿表演的人和一位唱师，即可起鼓开张。皮影的造型是用驴皮刻制并染了颜色，老班子的皮影不知已传承了多少代人，连包装皮影的牛皮夹子都已磨掉了四个角。皮影戏中最辛苦者为唱师，最难寻聘的也是唱师。他一人要包唱生、旦、净、末、丑所有角色，要求男女苍嫩音调分明，准确无误。若实在找不到这样全能的唱师，只好由乐手中能唱的人分担角色。

关中最驰名也是独此一家的要数东府的悬丝木偶。它与一般木偶戏相比，最大的差异是不遮盖腿脚，全身显现在舞台上。演员全部在舞台上方的吊桥上控制操作木偶。他们一手持两根木杆，木杆上系有数十根丝线，由这些丝线牵动木偶的头、肩、腰、膝、肘、腕、指、趾，甚至可以控制木偶的眼睛和眼皮翻转眨动；演员的另一只手用来弹、挑、勾、拨、提那数十根丝线，使木偶根据剧情，灵活自如地行走、跳跃、翻滚、打斗、高歌、对话、痛哭、抹泪……栩栩如生，翩翩动人。

悬丝木偶没有专职唱师，操纵者负责角色的唱腔、曲调，或是秦腔，或是"眉户"，也有"碗碗腔"，可谓关中民间艺术的珍品。如今悬丝木偶剧团越来越少，据说最主要的原因还不完全是缺钱买不起家当，也不仅仅因木偶制作工艺复杂，而是操纵木偶的演员人才奇缺，吊线操作的技能太不易掌握。随着社会生活日趋现代化，"小戏"逐渐失去产生和存在的条件。收入甚低，学员断流，悬丝木偶的前景并不看好。

秦腔是古老的剧种。秦人离不开秦腔，就像离不开秦椒、热炕、臊子面、西凤酒一样。

秦腔是陕西人心中的"大戏"，备受欢迎（陇县） 1991 年摄

戏台也是演员睡觉的地方（陇县）　1993 年摄

条件虽简陋，但演戏却十分认真（大荔县）　1989 年摄

台下既看戏，也剃头（长安区）　1988 年摄

化装（西安市） 1989 年摄

下台收钱（西安市）　1989年摄

演戏间隙（西安市）　　1989 年摄

台下的观众（千阳县） 1988 年摄

皮影戏演员都是表演、配唱的多面手（华县）　2004 年摄

华县皮影戏最有名气 2004年摄

陇县皮影　2009 年摄

木偶戏（合阳县）　1994 年摄

华阴老腔　2014 年摄

合阳掉线木偶　1992 年摄

城墙下的古戏班

20世纪70年代末，也就是"文化大革命"刚结束不久，西安城墙四周的护城河沿岸突然聚集了许多唱秦腔的拉京胡的演豫剧的古戏班子。初到西安的人，还未进城，就会被锣鼓家伙所吸引，使人立刻沉浸在古香古色的古城文化氛围中。说起来，西安也是个移民城市。戏曲是家音乡情最古老最集中的表达方式，何况在那个经历了10年残酷争斗和文化饥渴的年代。一声秦腔，一曲京胡，一段豫剧，会把你带入温馨的故土和沉静的追忆中。

20世纪80年代，我采访并拍摄了豫剧古装戏班演员的生活和演出活动。从中，我们可以回味那时部分西安人的生存环境和生活情趣。

那是1985年秋的一天，我来到儿时常常爬墙登城的冒险乐园——西安城墙下，看见小东门两侧城墙上挂起篷布，地下放了圆木，搭成"戏院"。一张帆布为戏台，圆木断砖为座椅，演员观众相距咫尺，一阵铿锵锣鼓档档梆子，刘备、张飞、关云长、包公、窦娥、杨家将以及青白蛇们粉墨登场，招徕退休长者过路游人小商小贩狂热的击掌喝彩声，这是来自河南农村戏味醇正的豫剧正在演出。

每唱完一出，水灵的旦角就满场子收钱。钱就是饭，要钱比要饭更难。她们死缠硬磨，千方百计变着法子从戏迷衣袋中弄出钱来。那时人们虽然已涨工资，但也只能给五角、一元。

后来古城西安出现了歌舞厅、镭射影厅、卡拉OK厅，那里边灯火辉煌、高雅豪华、舒适迷人，加之倩影窈窕、丽声袅袅，各种录像节目丰富多彩，却仍然不能吸引老戏迷前去光顾。是什么让他们对老掉牙的传统戏如此痴迷呢？我问戏迷，他们只是狠狠地说："野场子听老戏痛快过瘾。"

戏曲是家音乡情最古老最集中的表达方式。一声秦腔，一曲京胡，一段豫剧，会把你带入温馨的故土和沉静的追忆中。

演员住在老城墙下的窝棚里　1985 年摄

观众虽少，照样认真演出　1985 年摄

团长说戏　1985 年摄

男演员与他的孩子　1985 年摄

小憩　1987 年摄

演戏间陈为家人织毛衣　1985 年摄

因无城市户口，演员孩子不能上学　1989年摄

演古戏，迎亚运　1989 年摄

讨要小费　1987 年摄

后台　1987 年摄

拴马桩

关中东府北山有丰富的石材资源。靠山吃山，富平县自古出石匠。北山古代帝王墓前的石人、石兽、石禽、石碑大都出自富平石匠之手。

走遍关中平原的渭北村落，几乎家家门前都竖一根石刻拴马桩。

拴马桩实在是关中农村民间石刻艺术的瑰宝，它们从雕凿技艺和思想含量两方面创造了中国传统民间文化的至尊至贵。而从中国的交通学与通讯史学角度说，其研究价值至少也是一个无可替代的实证。然而遗憾的是，这一重要的文物从来就没能进入中国正史的大雅之堂。

拴马桩所体现的是一个无比丰富而深邃的文化精神领域。它不但有着石雕艺术的自身研究意义，而且蕴藉着关中人的宗教思想、生育观念、生命意识和图腾崇拜。

在东府的澄城、蒲城、合阳、大荔、韩城和富平的广大农村，我看见的拴马桩有天王麒麟、骑吼菩萨、太狮少保、罗汉狻猊、骑狮济公、胡人训狮、自娱等，其中狮子的形象随处可见。狮子是佛与护法灵佑的骑乘，在佛教传法公案里是公平公正的象征。在拴马桩的顶部，我们可以看到各式各样的行狮、卧狮、蹲狮、吼狮，同时可看到佛教世界的观音、菩萨、罗汉、阿难、迦叶。这些佛教人物大多骑着狮子行走天下，是否隐喻着佛法西来，也未可知。但狮子与佛教却不是大夏东土的产物，它们分别出于非洲和南亚。

我拍摄拴马桩是在 1992 年以前，全部是村场院宅现场的自然记录。这些石桩上雕刻的人兽表情丰富，或嬉戏，或恼怒，或凶煞，或虔诚，或媚俗……千姿百态，令人惊叹。我后来得知，陕西省群众艺术馆、陕西碑林博物馆开始大量收购拴马桩。2000 年，西安美术学院也收购了一批拴马桩，并把它们立在校园里做饰品。紧接着，各地县也如法炮制。一夜之间，渭北高原自然村中数万个拴马桩几乎全部被搬到城里的文化馆内。我照片中老农抱着孩子，依偎在村头拴马桩边晒暖、聊天、享受天伦之乐的自然镜头，再也没有了。

拴马柱是关中民间石刻艺术的瑰宝，它们从雕凿技艺和思想含量两方面创造了中国传统民间文化的至尊至贵。

胡人驯狮拴马桩（韩城市） 1992年摄

关中农村马很少，拴马桩大都用来拴牛（合阳县） 1992年摄

较少见的埋在地下的拴马桩（合阳县）　1992年摄

阿难、迦叶拴马桩（合阳县）　1992年摄

石鼓上坐狮拴马桩（合阳县）　1992 年摄

蹲狮造型的拴马桩（合阳县）　1998 年摄

罗汉狻猊拴马桩（合阳县）　1990 年摄

被移到旅游景区的拴马桩（合阳县） 1998 年摄

立在猪圈的拴马桩（合阳县）　1998 年摄

吼狮拴马桩（韩城市）　1992 年摄

胡人驯狮拴马桩（合阳县） 1998 年摄

民工

　　"民工"，是现代语境中一个有显著特色的概念。它不像"打工仔""棒棒军"，虽有现代特点，却是一个地域性的局部称谓。"民工"一词好像普通话一样，是官方认定的称谓，是被全国普遍性使用的称谓。

　　根据《辞海》的解释，"民"在古代泛指被统治的庶人。虽然孟子认为"民为贵，社稷次之，君为轻"，但数千年的文明史告诉我们一个最基本的事实——恰恰与孟子相反，君最贵。《辞海》中还说，古时的"民"，本意指农民。由此可知，民工就是离乡做工的农民。现代意义上"民工"一词的历史，可追溯到20世纪40年代中后期的战争年代。那时，大量农民被组织起来，从事修公路、拆铁道、抬担架、送军粮等工作。由于他们的出色表现，"民工"一词曾被宣传得家喻户晓。新中国成立后，农民重新被牢牢地固定在土地上，"民工"一词也随之销声匿迹。直到1984年，国家允许农民自己解决口粮，离开乡土打工，农民才纷纷拥入城市，谋生赚钱。从此以后，城市人就再也离不开民工了。

　　起初，民工进城是同一家族或同一村庄的乡党结伴而行，进城后偎依在城墙下、工棚里、车站旁，寻人待雇。活路是掏厕所、扫马路、做保姆、拉板车、擦皮鞋、收破烂、装卸货物……凡是最脏、最苦、最累、最下贱的力气活，他们都愉快地接受，后来又集体参与了建筑、公路、矿山等大生产劳动。他们用自己的双手创造了崭新的城市，用自己的肩膀撑起了改革的历史，成为中国城市化进程中绝对不可忽视的力量。

　　民工进城打工与国家计划内招工有着天壤之别。从形式上看，民工虽然也是离乡进城做工，但其身份仍然是农民。他们的名字被登记在另册中，充其量也只是城市的过客。吃、住、行没有任何保证，也没有相对稳定的工作，常常处于流动或流浪状态，因此也被称为"流民"。有幸找到一份工作，基本劳动条件却极差，尤其是缺乏基本安全生产设施。他们没有劳保福利，生病、工伤都要自理，有的甚至在事故中白白死去。

我于 20 世纪 80 年代末继拍摄《麦客》后开始关注民工。1988 年民工潮初起，各车站人山人海，我拍了大量以地当床的民工候车时的照片。

1989 年秋，我在潼关金矿采访，看到那里的民工大多数是来自四川、湖北、江苏和陕南贫困地区的青年农民。他们衣衫褴褛，年龄最大者 56 岁，最小的只有 16 岁。因矿石埋在深山大沟，开采出来后只能靠人背畜驮，劳动强度极大。他们背着装满矿石的背篓，步履艰难地行走在被人畜踩出的小径上。即使雨天，也不停工。布满碎石的小径，被雨水浸得光滑无比，人空手都很难行走，可负重的民工们仍然喘着粗气，一走三停地在上边挪动。矿石背下来，他们会连人带物一起走上磅秤。其神态十分平静而庄严，我感到他们有点儿像上刑场。骡马队的牲口则瘦骨突兀，似乎一阵风就能把它们刮倒。陡峭的山路上不时卧着黑锅一般的巨石，雾气打在上面光滑发亮。一对驮着矿石的牲口从我身边过去，走到那巨石跟前不知所措，稍作停步，主人恶狠狠地抢起手中的木棍（不打牲口时做拐棍用）在那突兀尖利的骨峰上猛敲几下，再不然就顺手捡起碗大的石块砸将过去。骡马一声不吭，只是猛地昂头翘尾，用颤抖的四肢支撑着身躯向前冲去。

淘金者的生活很简单，尤其是从北方更贫困地方来的民工，一碗汤菜几个蒸馍就是一顿在他们看来难得的美餐。只有江浙一带来的淘金者还讲究点营养和口味，每顿饭一定要从山下买条高价鱼，大概是黄河鲤鱼，吃了可使他们"鲤鱼跳龙门"，发些大财。

民工住的不是地质队员用的那种帐篷，他们没有公家人那种条件，他们住的其实不过是一张篷布在树杈上的窝棚而已，四周没有帐墙。人住在一头儿，牲口住另一头儿。只有这时，才能显现出一点儿人与牲口之间的温情。

民工几乎没有文化娱乐活动。一整天笨重的劳筋动骨，使他们像烂泥一样瘫在工棚里，哪里还有力气想那些。由于没有电视机，一些还有点儿剩余精力的小伙子，只好到街上的大荧屏去看电视。但也不能经常地随便去看，民工头儿有一套严厉的管理制度。

1990 年我在韩城采访小煤窑时，发现那些挖煤的民工除了一顶柳条帽和陈旧的矿灯外，再无其他安全设施。小煤窑又矮又窄，民工几乎是爬着进去。恶劣的劳动环境，让他们感到穿衣服已是多余，常常光着身子作业。当他们从煤窑出来时，浑身上下只有牙齿和眼球上有点儿白色，其余乌黑，像一个影子。收工后，他们四五个人合用一个木盆用洗衣粉洗澡。一盆水很快就变成黑色，上面漂着厚厚一层灰白色泡沫。

劳累、艰辛倒也罢了，只为赚些养家糊口的生存钱。可想不到的是，干到年底，老板却以种种借口拖欠工资。若遇到矿井事故，老板跑了，民工连收尸的钱也拿不到。

在西安的东门外、文艺路，从早到晚，人头攒动。民工们有的背着钢钎铁锤，有的手握古老兵器般的滚刷，等待雇用，常常是从早盼到晚，从今盼到明。好不容易等来雇主，却被市容管理人员撵得四处躲藏。有的被没收了工具，折断了滚刷，更不幸的是，有的男人被骗做了黑工，女人被拐卖奸污，甚至被逼作暗娼。

多年的采访，使我了解到在西安所有的建筑工地上，在一些大型基础设施施工中，百分之七八十的劳动者是民工。那些同是农村来但早已转了身份的正式工，成了真正的主人。他们喝着茶，看着报，大腿跷在二腿上，指挥民工们干活。在铁路工地，砸石、运料、抢险等粗活、苦活全部由民工承包。主人是不干这些活的，主人只要拿工资、奖赏和"三金"。

虽然环境险恶，生存艰难，但民工们还是要到城市来。他们认为这是自父辈以来最好的时机，他们不能因为有风险，就丢掉这种千载难逢的赚钱机遇，他们太需要金钱了。况且，他们还要赡养老人，供孩子上学读书。上学读书是改变农民身份，逃离"另册"的唯一出路。可教育也进入商品市场，成为新的经济增长点，供孩子上学要花天文数字的钱啊！

在西安这样的城市里，只要稍加留意，你就会发现，餐馆饭店有本地民工，洗浴中心有江浙民工，街头巷尾有四川的补衣工……总之，在所有城里人生活需要的地方，都有各地的民工。民工已成为城市须臾不可缺少的组成部分。然而，城市却不正视民工，甚至鄙夷民工。因为民工是没有城市身份的农民，是记入另册被支使的庶人，是没有被纳入社会保障系统的自生自灭的种群。

当然，长期困守贫穷，缺少教育与知识雨露的滋润，使大量拥进城市的民工给城市带来旺盛生产力的同时，也注入破坏的潜能。从城市管理到计划生育，从社会治安到环境保护，从卫生健康到幼儿教育，从物质生活到文化消费……所有这一切，都给城市带来尖锐挑战与沉重压力。斯文、拘谨、排外惯了的城市产生了不应期，而民工中大量的破坏、犯罪活动，对真正意义上的城市化进程构成了严重的威胁。民工犹如一把双刃剑，迫使现代城市不得不正视与重视他们。

然而，谁都不能否认30年的改革开放，首先由农民发动。继而，当农民以民工的身份改造了千百年农业文明面貌的时候，中国改革开放与城市化进程的重要标志，最终将体现在民工观念的转换与进步上，体现在民工传统生活方式，以及现代文化文明程度的提高上。总之一句话，体现在民工身份本质性的转变上。

城镇化进程的主力军——民工

雪中的民工（西安市） 1996年摄

粉刷工（西安市）　1996 年摄

木工（西安市） 1996 年摄

建筑民工（西安市） 1996 年摄

过磅秤（潼关县）　1989 年摄

找生意（西安市） 1996 年摄

修建钟鼓楼广场的民工（西安市）　　1996 年摄

拆除北大街旧房（西安市） 1998 年摄

小煤窑矿工（韩城市） 1987年摄

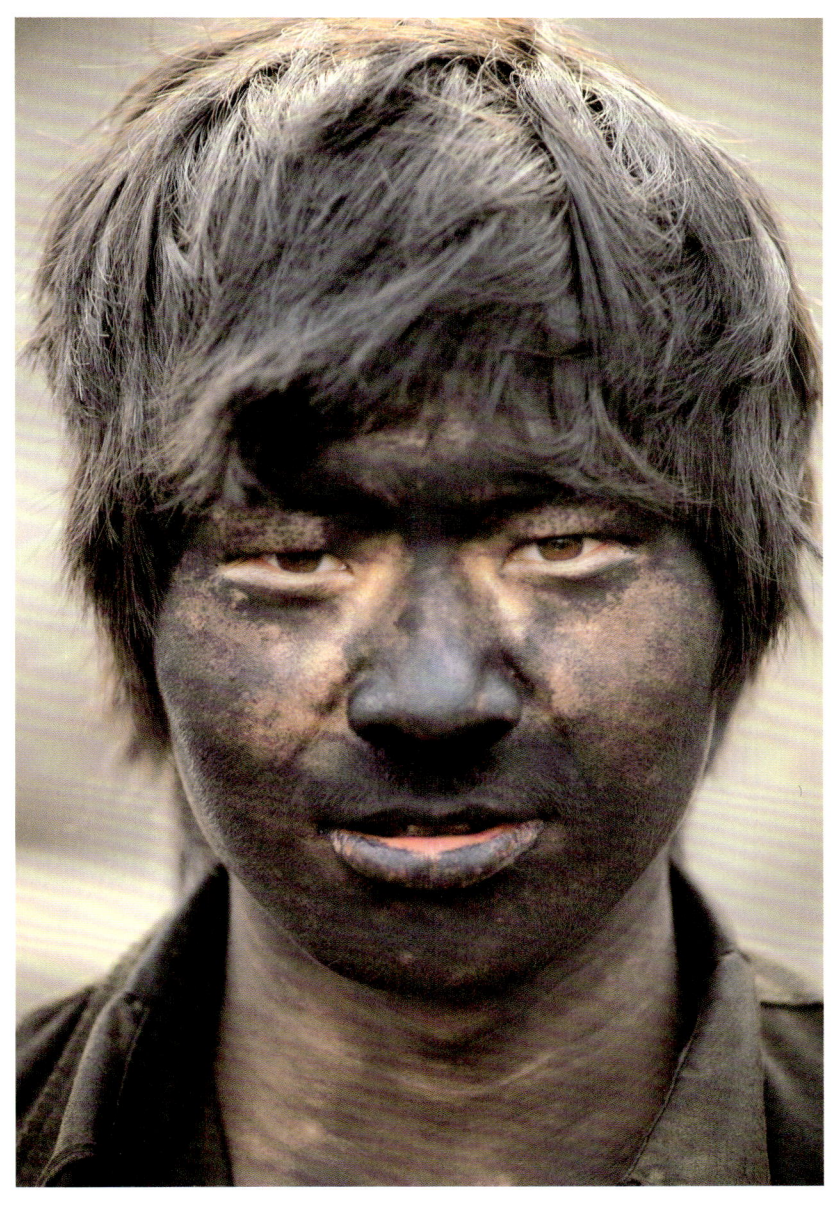

矿工（韩城市）　1987 年摄

麦客

　　西部麦客是关中大地上一种很有趣的生态现象，人人熟悉却熟视无睹。没有人能说清楚麦客现象从什么朝代兴起，在我近 50 年的记忆中，除"文革"前后"割资本主义尾巴"时被迫中断一段时间，数十年间，他们像候鸟一般年复一年，伴随着布谷鸟"算黄算割"的鸣叫，定期于每年的 5 月下旬，从陇东高原、六盘山下、秦岭之南拥入关中平原，寻人雇用，帮人收割，以力气和汗水挣点钱粮补贴生计。他们边割边退，游走迁徙月余，按原路返回家乡，再收割自己那因时令差而晚熟的庄稼。

　　麦客多为甘肃人、宁夏人和渭北、陕南人。

　　气候干旱，土地贫瘠，旧时多战乱是三地麦客入关游徙的根本原因。

　　麦客分四路入关：

　　南路是甘肃康县、成县、徽县的麦客沿宝成铁路北上至宝鸡后东进。

　　西路是甘肃定西、陇西、渭源、西河、礼县、武山、甘谷、秦安、天水的麦客乘陇海铁路的客车或货车，经宝鸡进潼关南原。

　　西、南两路麦客常常在宝鸡市会师后，一路辗转散落关中腹地。随着黄进绿退，边割边回，经潼关、大荔、华阴、渭南、临潼、咸阳、宝鸡返归家乡。

　　北路是宁夏泾源、海原、固原、隆德、同心、彭阳的麦客沿银平公路至平凉，会同甘肃庄浪、清水、张家川、庆阳、华亭、泾川、灵台各县的麦客，或沿宝（鸡）平（凉）公路南下至宝鸡汇入西、南两路大军，或顺着泾河两岸的大道直入关中东府的蒲城、富平、三原、泾阳，然后再挥镰北上，一路席卷礼泉、乾县、永寿、彬县、长武，最后退回陇东高原和宁夏大地。

东路是陕西商县、山阳、洛南、丹凤等地的本省麦客，沿文峪河出秦岭，直取潼关，北上合阳、澄城、富平、华县、华阴，再顺原路回割家门。其中，有一部分则沿 312 国道进入蓝田、长安、户县等地。

麦客的交通工具，自古靠双腿，用坚实有力的步伐，丈量往返 1000 多公里的路程。直到 20 世纪 70 年代后期，麦客们才改徒步为扒火车挤汽车奔徒迁移。80 年代中期，西和、礼县、武山、天水等地运输公司为麦客开专车送入关中。

陕西旬邑、淳化、长武、彬县、永寿一带的本省麦客则组成加重自行车队，一路南下，说停就停，说走就走，自主自由。

1992 年 5 月，我与贺延光等人在礼县麦客家乡看到，他们出发前一定要安排好家务：孩子上学、老人吃住是他们最上心的事情，卖掉养了成年的肥猪，一要留钱给守家的媳妇应急，二是自带作为盘缠。兴票证购物的那些年，家境好些的，临走还要想法儿换些粮票以备急用。

麦客出发时，自备炒面。炒面由大麦、燕麦、黑豆等连皮磨细、炒熟，放入一小布袋中，沿途备荒，或逢雨无活时充饥。麦客吃食，数十年中变化不大。进入 20 世纪 90 年代以后，有所不同的是，常在饭馆、地摊的饮食担子旁见到他们或买肉夹馍，或买臊子面，或吃一回羊肉泡馍。

麦客的穿着，半个世纪中有三次明显的变化。我幼年时见到的麦客，头顶草帽，身穿青衣棉袄，内套白色粗布褂子，贴身有绣着黑边的红布裹肚（样式像"505 元气袋"，但比它大），肩搭麻毛褡裢，膝盖以下缠着土布绑腿，脚套布袜蹬麻鞋。这一身行头直到 20 世纪 80 年代才有所变化。此后的麦客虽仍然是黑衣黑裤，但面料大部分已不是土布，其中许多青年麦客都穿上了草绿色军装，不再打绑腿，多穿线袜和绿面黑胶底解放鞋，麻毛褡裢被换成曾装化肥的蛇皮袋。90年代以后麦客变"洋"了许多，身穿西服、腕戴手表、眼配墨镜、嘴叼带把儿烟，内衣大都换成针织品，有的甚至还配上了传呼机。

麦客绝大多数是中壮年大汉，精强彪悍。尤其平凉、固原一带的麦客，红脸膛、高鼻梁、阔嘴巴、细长眼，带有明显游牧民族的特征和气质。麦客中也有六七十岁的老人和十五六岁的少年，还有中青年女性。他们与壮年人一起，风餐露宿，辗转挥镰，把汗水洒遍大路、车站、田间、村头。

麦客出卖苦力，挣钱很少。据资料记载，20世纪二三十年代，每亩工价仅0.3元；到20世纪70年代时，每亩工价2元左右；1986年，我拍摄麦客时的工价每亩7至8元；1992年，我采访时发现他们以每亩28元成交；1997年每亩工价最高时涨到60元。

1992年以前，每逢夏收时节，关中各县、镇都有组织地设"麦客接待站"。1991年我在凤翔县拍照时，麦客接待站设在南关长途汽车站对面的一个集贸市场。这里腾出空棚，地上摊些麦草供麦客休息。一些商店还在自家门口摆一张桌子，放有保温桶，免费提供开水。1992年以后，一切市场化了，很少再见到有组织的接待站与免费提供开水的保温桶。

麦客进入关中，被雇用前，云集于车站、集镇，或倒睡广场，或躲身房檐下。麦客最怕下雨，但也盼天阴。白天干累了就地一倒，香甜入梦。突然间，一阵大雨，浇了个透心凉，那棉袄布裤湿漉漉的，贴在身上啥滋味可想而知。常言道："麦熟一晌，蚕老一时。"收麦最怕刮风下雨，天变了，麦客可能讨个好价钱。

麦客与雇主交易，全由"麦王"出面。麦王是众人推举的，由麦客中能说会道、机巧聪慧、能审时度势者担任，是麦客利益的全权代表。一旦与雇主商定工价，麦客中无人再敢变动。出了什么纠纷，也由麦王出面处理解决。

1992 年以后，麦客身价倍增，关中各地争抢麦客时有发生。以前因人少麦多，关中人要龙口夺食，需雇麦客。如今关中农民做生意、办工厂，更要雇麦客。尽管工价涨到五六十元，结出的粮食不能不收。"800元也得雇！"雇主横了心，甚至为麦客叫来"夏利""奥拓""桑塔纳"小轿车，把他们直接拉到麦地。

1996 年 6 月 10 日，我随麦客扒乘火车，黄昏时分到达普集镇。早到的麦客已黑压压地躺满了火车站广场和近 400 米长的街道两旁，少说也有 2000 人。他们中有转场从外县来的，也有早晨散落到各乡、收工后又返回的。找到各自的位置，麦客们就势倒地，枕着自己的蛇皮袋，相互交谈一天的经历、经验和经济收入，打听来自不同村寨的行情，思忖着来日的去向。直到半夜，落雁般的人群才逐渐安静下来，麦客们进入梦乡。这时，偶然可见晚归的麦客，三三两两拖着疲惫的双腿，走进已很难插脚的"雁群"中。

麦客们背井离乡后，似乎更喜欢"群居"。车站、工棚、街道等公共场所成为他们最佳的栖身之地。这是因为关中农家人多房少住得并不宽敞，生人来了家中多有不便。另一方面，夏日天热，受苦人露宿是常事，不麻烦人家，自己更感到自由自在。麦客们选择好州县乡镇后，一般在那里住四五天，放倒一方麦子后，才转场离开。这期间无论早上出去十里二十里，到天黑再困再累，也会背着蛇皮袋提着槐木肘镰，扑踏扑踏大步流星赶回来，似乎那州那县的街头、屋檐甚至交警的指挥台就是自己温暖的家。第二天黎明，黑压压的人群开始躁动。随着天空泛白，吆喝声、汽笛声、"突突"的柴油发动机声渐渐响成一片，数千人的普集镇上突然增加了数不清的自行车、三轮车、摩托车，以及手扶四轮拖拉机和各种档次、大小不一的轿车，它们是配合雇主接运麦客的。经过"麦王"与雇主几番讨价还价后，绝大多数麦客被拉走了。早晨7点前，整个普集镇又恢复了平静，剩下的是满街的麦草、破纸和常住居民及小商小贩。

麦客能干，也能吃。一般人一天能割一亩麦子，特精壮的汉子可割两亩。身体是基本条件，同时还要有技巧。割麦分"把割"和"走镰"，前者人蹲下一把一割，麦茬低，收拾得干净。小时候放忙假，我帮助拾麦穗，最不喜欢跟在"把割"人后边，半晌拾不到一把麦穗。后者"走镰"，动作是弯腰先揽一镰麦撂倒，用膝腿前摊，左脚跷拢，右手不停挥镰，两三步即割下一勒，然后用割下的麦子拧勒捆绑。这样的强体力劳动，一晌下来，麦客的衣服早已被汗水湿透了几回，渗印出一圈一圈泛白的花纹图形。层层浮尘与汗水和成泥，风干后又粘在他们的双臂上。麦客的晌饭常常被送到田间，一篮子蒸馍，约有七八个，一罐玉米糁，一碟油泼辣子，一盘萝卜丝，一个麦客一顿吃光。要赶上吃面，一人少说也要吃一斤干面才肯罢休。末了，蒸馍收起来，放进蛇皮袋里，背回去喂娃或孝敬老人。麦客虽是下苦人，但他们视赶场割麦为过年，因为在麦客家乡只有过年才可能吃上长面和白馍。我不止一次去过甘肃的定西、宁夏的西海固，更在平凉当兵住过6年。这些地区海拔高，气候冷，雨量少，"风刮石头跑，山上不长草"是准确形象的写照。年平均降雨量在二三百毫米左右，春夏都少雨，种子入土常收不回颗粒。唯有耐旱的燕麦、洋芋挣扎着结出养育麦客的吃食。1991年初夏，我在宁夏西吉山区看到那里的农民还住着土窑，窑面顶部有一三角形天窗，用于排烟、透气、采光。木门窄小，仅能一人穿行，屋内昏暗，靠门有一土炕，炕角一堆破旧被褥，汗腥味、灶烟味萦绕屋内。炕上坐有老妪、老翁、儿子、孙子，四五个人正围在炕桌上吃饭，儿媳和女儿们端碗站在炕边。见我进门，连忙客让。我见他们吃的是燕麦稀粥煮洋芋块，炕桌上有一陶盆，内盛腌萝卜缨酸菜，灶台上一笼蒸熟的洋芋是代馍的干粮。屋内尽头放一堆生洋芋，这是他们主要的口粮。这不禁让我想起 27 年前在部队时，拉练到甘肃庄浪县的情景：大雪天，我们帮老乡扫院提水，而房东大娘和儿女坐在炕上，齐腰盖一块儿露着棉絮的破被，一动不动。我心中埋怨他们不懂情理，也不接一接担水的战士。后来才知道，他们全家只有一条裤子，谁出门谁穿。这样的穷日子，一日两餐唯洋芋的生活，把麦客推向一年一度千里奔徒挥镰割麦出卖苦力的境遇。由此可见，吃白馍、吸长面的确是过大年啊！

关中人厚道，常常尽自己的可能，腾出房子给麦客居住。吃饭时，先让麦客。待麦客吃过，家人才端饭碗。为让麦客吃饱，除面条外，还要送上馒头。麦客毫无顾忌，放开肚皮大吃面条，把剩下的馒头悄悄放进蛇皮袋中，留给家中的孩子与老人。

麦客爱喝罐罐茶。在麦客的行囊中有一个立柱形铁皮小罐，已经熏得像黑漆刷过一样。里边放了茶叶，添上水，灌口套一铁圈，用棍子相连做扶手，闲时或饭后，一把麦秸几根木柴点燃了，架在火上像熬中药似的，直到把水熬成深褐色，这才倒进茶盅，慢慢品饮。出于怜惜，罐中茶叶很少倒掉，边熬边添，直到小罐容不下水，才去掉陈叶，再添再熬。那茶酽得比药还苦，说是能克食提神增力气。

麦客不但爱秦腔（本来嘛，就是秦人的后裔），更喜欢激越、婉转、嘹亮的高腔山歌"花儿"。太阳红了，麦割累了，汗流干了，麦客会直起腰来，将手中的镰把儿忽忽地空转几圈，长舒口气，高声喊唱一段"花儿"。那歌词既有固定流传的，也有即兴唱出的，但都是麦客生活与情感的真诚流露：

花儿本是心上的话，

不唱由不得自家。

一刀片下麦秆断，

我跟姐姐心相连。

百年千年万万年，

西来东玄走不完。

肘肘（即镰架）一挥千里远，

姐姐呀，能把我筋熬断，汗熬干。

白麻纸糊的窗亮子，

风刮得沙沙沙地响。

远离乡土想起姐姐的模样子，

不觉泪水哗啦啦地淌……

麦客的"花儿"，唱出了对自然的不平，对苦旅的哀怨，对亲情的思念。叫人震惊，叫人同情，叫人无可奈何。

麦客的旅途充满危机。徒步跋涉千余公里，那布袜麻鞋怎耐沙石磨损，很快提帮穿底，数天下来，脚上打了血泡。行路间，突然一场白雨、暴雨，浇得喷嚏不断，清鼻蛮流，晚上就发起热来。这还罢了，最危险的是挤汽车扒火车。为了省钱，汽车顶上的货架也是麦客的座位。每年初夏，陇海铁路沿线到处是黑衣草帽蛇皮袋的麦客，除了圆柱形油罐车无法站人外，所有的货车上或站或蹲或坐或躺的全是麦客。而坐在闷罐车顶部最危险，陇海线实行电气化后，多次发生因麦客无知而被电击事件。1995年，陕西电视台还报道过甘肃礼县麦客被火车撞死的消息。1997年，咸阳一乡民为争抢麦客，出拳动手，打伤致残天水人杨某，在麦客的历史上留下悲凉的一曲。

麦客都有自己相对固定的奔徙路线。陇海铁路的华山站、渭南站、西安站、咸阳站、杨凌站、蔡家坡站、宝鸡站是主要的麦客集散地。在这些站上，不时可碰见上年见过的老麦客。他们惊奇这"照相的"又来了，我也惊奇在茫茫人海中怎能又碰见他们。1999年6月，在兴平嬴喜村天主教堂对面的地坎上，我看见三个麦客面对教堂方向坐定，沉默许久，后来一人手中捏一根橙黄色的"夏唯宜"雪糕，滋溜溜地吸吮着冰凉爽心的汁液。其中一位发现我拍照，突然大手一挥喊道："不准照曹（曹，甘肃土话，即'我'的意思），再照就是侵犯人权！"说罢哈哈大笑起来。我放下相机仔细打量此人，他约莫40岁，黑红脸庞布满七沟八梁，上面栽着灌木般的胡茬，整张脸看上去极像一面黄土高原。宽而高挺的鼻梁尽头，是一双深陷的眼窝，两道浓密的卧蚕眉下，镶着一双明亮而泛黄的眼睛。颇觉面熟，却又一时想不起他的姓名。壮汉立起，腾出右手伸过来："胡大哥，还记得我吧。我是甘肃武山的贾占平。""想起了，想起了，一别就是十年啊！""可不，快十年了。"他亲热地纠正我。

1991年7月13日，我在《中国青年报》上以《麦客》为题报道过贾占平，那时他还是一个28岁的小伙了。没想到，才八九年的光阴，就把他塑造成一个古老化石般的壮汉。

1988年贾占平25岁，那年6月，他与乡党们一起扒车入关割麦。列车进入锣鼓村时，车速减缓。贾占平看着一路黄澄澄的麦穗，恨不得一步跳进麦海。他操起镰把儿，背起蛇皮袋，翻身从被煤染得乌黑的车厢里跳了下来，没想到一落地就失去知觉。待他醒来时，发现自己躺在关中农村最平常的一间厦房的土炕上。

原来，贾占平误以为要停下来的那辆货车并没有停，滑行出站后又加速东去了。贾占平孤雁似的一个人躺在铁道旁，任凭乡党们在飞驰的车厢上撕破嗓门大喊大叫。多亏赢喜村张兴让老汉路过相救，用架子车把他拉回家中，经村医检查，贾占平右臂骨折。经张老汉一个多月的精心调理，贾占平伤愈。临走时，他磕头相拜，认张兴让为"干大"（干爹），并说为报老人救命之恩，每年都回来帮他割麦。张兴让给了盘缠送贾占平回家。

贾占平见到我格外高兴，把吃了一半的"夏唯宜"塞进乡党手中，抹了一把胡子，对我说："干大去年走了。我想他，每年还是要来看一看。"他告诉我，张兴让信耶稣，孤寡善良，一生做了不少善事。老人去世时没人告知，6月他来帮老人割麦时才知道的。当时他难过极了，还托人给干大做了一场祈祷，尽管他自己是回教徒。我看见贾占平身后耸立着一座圆顶尖拱的教堂，在一片金色的麦海里，显得尤为庄重和肃穆。

麦客熟悉了当地习俗与民情，会有相对的安全感。他们很少去自己不熟悉或与自己衣着身份不协调的地方。他们知道自己衣衫破旧，汗腥垢面，自惭形秽，常常露出卑怯、恓惶的神色。西安的南大街、渭南的开发区、宝鸡的人民路很难见到他们的身影。

6月下旬，关中大地像被剪去毛发的新头，只留下短短的麦茬。麦客们按照自己固定的路线逐渐返程。一个月的奔波，一个月的苦斗，头发长了，胡须乱了。坐下来，磨快镰刀，麦客们相互割剃麦茬般凌乱蓬荒的头发，青色的头皮上，不时被划上条条血印。在沿途集镇上，他们不会忘记给孩子买件新衣，给媳妇选条纱巾，家乡多沙尘暴。他们不会去西安市"民生""唐城"一类的商厦，他们认为自己只能去把商品堆放在一张塑料单上的地摊选购那些便宜货。

没钱还自在，有钱提心吊胆。返程的麦客心理上最大的负担是怎样把一个月的血汗钱安全带回家。经历告诉他们：被称为"二道毛"的农村地痞眼盯着他们；没买票扒火车，乘务员和乘警会加倍重罚，也盯着他们。那钱显得比心还贵。在杨凌车站，我看见候车的麦客把 100 元纸币卷成又细又长的条形，用塑料相裹后塞进布条裤带的夹层中，还有的把钱叠成片状，塞进鞋帮里……一旦遇险，任你乘警、乘务员搜遍全身，麦客只说"没钱"，或者干脆不言语。而那些惯偷、盗贼、"二道毛"，任凭你盗技高超甚至拳脚相加，也无能为力。

经历了这一切，麦客要回家了。

麦客们并不想把贫穷、愚昧、卑微、猥琐带进 21 世纪，甚至幻想着有朝一日再入关中不背蛇皮袋，不拿槐木肘肘镰，不再提心吊胆混汽车、扒火车，而是堂堂正正扶老携幼拎妻买票坐车，逛一逛千年古都西安城，看一看富饶天府八百里秦川。

20 世纪 90 年代末，无论是在西安明城墙的尚德门，还是在高陵县的大什字，我看见那些穿西服、戴礼帽的年轻麦客，竟然也打一杆台球。在罗夫镇，我碰见平凉八里桥麦客马红卫一行三人去逛华山："愿割麦的去，咱乘机出来逛呢。"在兴平茂陵的小镇上，甘肃定西的几个麦客坐在搭着凉棚的饭馆门前喝啤酒，方桌上摆的是两荤两素。麦客敢吃敢喝敢逛了。

果然，进入 21 世纪，谁也不曾预言会在什么时间消亡的麦客现象，在 2003 年的一场"非典"过后，突然地消亡了，取而代之的是从陕西以东过来的驾着隆隆收割机的新型麦客。

西部麦客给关中大地留下的，不仅是汗水和麦穗。麦客的故事不仅是古老的，现代的，也是久远的。

附：从拍摄麦客说开去

　　每年初夏，当八百里秦川由东向西绿退黄进之际，甘肃、宁夏及陕西的部分农民沿着父辈踩出的老路，像候鸟一样成群结队成千上万拥入关中。他们手握木镰、肩搭布袋，寻人雇用，替人割麦。他们东退西进、弃绿逐黄，用艰辛的劳作换取钱粮，以补本乡因贫瘠而致的生计空缺。谁都说不清，从什么时候开始，这些固定游走受雇的割麦人被称作"麦客"。我曾听到过这样一个故事，说远在明朝时，家住甘肃天水的一位女子嫁到陕西。第二年她的妹妹来探望，见姐姐家麦子长得又高又密，天天吃白面馍馍，比自己家过年吃得还好。回甘肃后，给乡亲们说了。从此，消息传开，那里的农民每逢麦收季节就纷纷结伴到陕西"割麦过年"。这只是传说，自不可全信。但从语境分析，"麦客"一词的出现应当更早。在春秋战国时代，关中就流行"刀客""骚客""说客""食客"称谓，"麦客"一词应为当时语境氛围的产物。况且关中在中国历史上是开发最早的地方之一，号称"天府之国"。而它周边的甘肃、宁夏的许多地方自然环境恶劣，属于不适宜人类居住的地方。因此，他们自发来关中帮人割麦谋生，应是很顺理的事情。应当说，麦客是一种很古老的生态现象。

　　本以为随着20年改革开放，机械化马达声的响起，麦客会从此消亡。不料他们用自己坚实的脚步走入了21世纪。

　　记得儿时的一天，大路上走来一队人，手握镰刀，脚蹬麻鞋，头顶草帽，肩搭麻毛褡裢，膝盖以下缠着已变成土色的绑腿。我扭头回跑，大喊："来人了！"外婆侧身一望，对外公说："雇俩吧？"说时，那队人已进村，横七竖八倒在村头井边的大树下。外婆和村里人端着水碗，让他们解渴。喝着水，十几个外乡人被分别让进左邻右舍。外公选了两个小伙子，外婆有点儿不高兴，嘟囔着嫌小伙子吃得多。外公说："吃得多，干活也快！"外婆给他们擀面条，还端上一盘白馍。只见他俩急速吞下几碗面，却省下白馍，掰成小块，放进褡裢中，然后跟外公去了麦地。这是40多年前，我第一次见到麦客的情景。

没有想到，从20世纪80年代中期至今的10多年里，我为主动追寻和拍摄麦客，竟与他们结下了不解之缘。这时的麦客与先前变化不大，仍旧是黑棉褂、白布衫、黄草帽，所不同的是少了绑腿，换了褡裢，背上很有些时代特征的化肥袋。他们是黄土地上的"候鸟"，是终生无休止的苦旅，是伴随着艰难与顽韧的生态种群。

我钟爱麦客题材，不是因它自身蕴藏着的人生哲理和文化内涵，更不是因它而产生的作品给我带来的功名利禄。10多年的追踪拍摄，我等也近乎候鸟。本来嘛，都是人而且都是农民的传人，往日挨饿的记忆拉近了我与眼前贫困麦客的心理距离。虽然命运使我变成拍摄者，麦客变成被拍者，但麦客用自身行为向世人展现了自己种群的存在方式及意义，而我只是通过拍摄，记录下他们生命的创造力。在那禁锢的年代，从某种角度看，我甚至不如麦客。麦客的重体力劳动，当下会被雇主认可，尽管报酬极少。可我的劳动将到哪里获得兑现呢？这也是我不刻意追求拍摄的直接目的而注重内心体验的缘由。

人生就是行旅，人生在于追求。麦客们仿佛遵照内在的周期动律，年复一年，从西向东，又从东向西走来走去。我追随麦客，也在熟悉的大地上来回奔波。生命就这样运动着，日子也就这样打发着。我看到在这一过程中，麦客们出力流汗也罢，待雇乞食也罢，讨价还价也罢，得到点钱财也罢，无不在苦行苦斗中展示他们的狡黠与憨厚、粗犷与质朴、邪恶与善良、卑微猥琐与乐观豁达。人性本质被生存动机撕裂开来，是那么直露，那么真切，不由人不为之颤抖、惊异、羞惭和崇仰。这就是人，这就是我的同胞，这就是我自己。

我曾到过麦客的家乡，然后随他们搭汽车、扒火车、走大路，一直进到秦豫交界处。我想熟悉他们的人生之旅，尽可能全面而细致地了解与记录他们的行踪和生活状态。只有这样，才可以从中觉察出特定种群形态顽强的生命力及其与自然抗争的精神。拍摄中，我提醒自己，必须关注一切细节、情节，必须关注情态、状态。我认为，纪实摄影不仅要记录生命存在，而且要记录怎样存在。情节、细节、情态、状态不仅能充实影像的血肉，而且具有重要的人文历史价值。

记得跟随麦客到达绛帐车站时，站台上下黑压压一片人流，像失去主帅的溃军。他们不知道停着的列车向哪里去，也不知道缓行的列车该不该扒，急切的心迫使他们闻声乱窜，仿佛一个巨大的旋涡在车站上打转。人生的旅途又何尝不是这样，或然性把人们推向集体无意识的状态。

我拍麦客与麦客受雇割麦一样，纯属命运使然的自发行动。而且我的拍摄范围也与麦客活动范围近似，主要局限在黄河中游的陕甘宁地区。10多年来，我逐渐改变了以往零敲碎打的拍摄模式，进而转入整体地把握一个地域普通百姓的生存状态、宗教信仰及其人文情愫。我不受制于什么外力，也不为直接功利驱使，像麦客一样，拍摄与割麦均为一种生命存在的方式。

在追踪拍摄麦客的过程中，我很少听见他们对命运不公的诉讼。事实上，他们时刻都经受着苦难，有的甚至客死他乡。他们用一颗平常又平静的心对待一切：一切都是或然，一切就是那么回事。这是中国人，尤其是中国农民与欧美人最大的不同。中国人缺乏所谓的外在张力，缺乏时刻溢于言表的激情、耸肩摊手的姿势，他们自有传达情感暗流的既定方式。只有用麦客那平常平静的心，才能体悟他们些微的情思，发现他们动荡的内心。依靠器物夸张扭曲，追求外在图像变形的手法，都与太过寻常的麦客神表不一，倒显露出拍摄者的刻意与浮躁。

平常是真。以平常人生存与社会活动为主体构成的历史将逐渐形成。用平常人之平常心观察、发现、记录这样的历史不仅是新的历史观、价值观，也是新的摄影观。中国文化是伟大的，中国纪实摄影也不乏精深；只因摄影沙文主义，以及观念形态的差异等，致使中国纪实摄影不可能作平等交流而进入世界影坛。走出国门者仅九牛一毛，大多数纪实摄影作品将依旧尘封在主人的抽屉中。然而，世界离不开中国，也需要中国的纪实摄影，只不过还需要时间和等待。

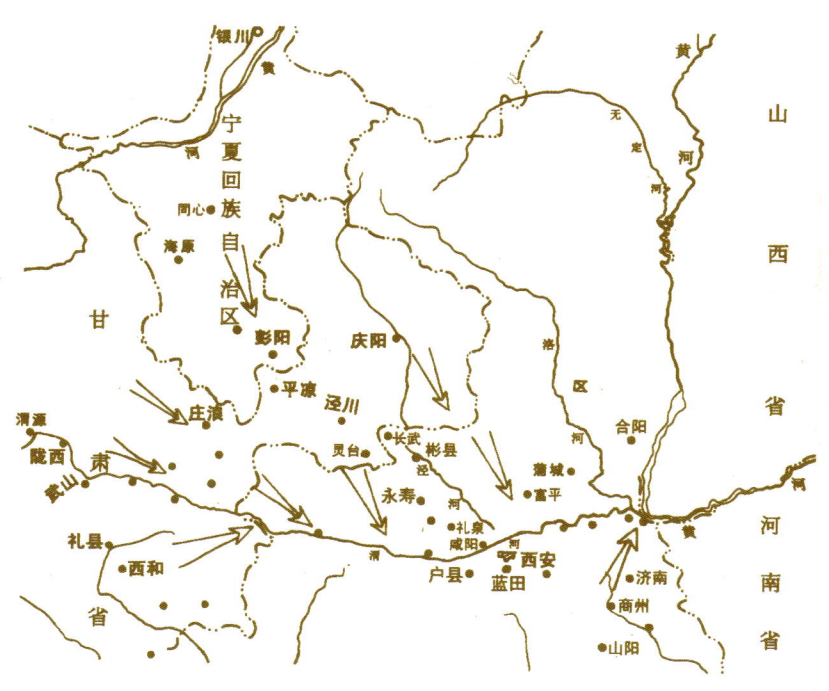

麦客进入关中示意图

数十年来，麦客像候鸟一样定期于每年 5 月下旬从陇东高原、六盘山下、秦岭之南拥入关中平原，寻人雇用，帮人割麦，形成关中大地上一种特有的生态现象。

赶车（杨凌）　　1997 年摄

露宿（宝鸡县）　1986 年摄

避雨（凤翔县）　1986 年摄

出工（凤翔县） 1986 年摄

收割（兴平市） 1997 年摄

地头小憩（潼关县）　　1992 年摄

待雇（杨凌）　1996 年摄

早饭（临潼区）　1997 年摄

讨价（兴平市） 1997 年摄

轻燕送爽（眉县） 1996 年摄

母子（临潼区） 1997 年摄

女麦客（临潼区） 1996 年摄

熬茶（凤翔县） 1986 年摄

走镰（彬县） 1997 年摄

地头晌饭（彬县） 1994 年摄

打扑克（咸阳市） 1995 年摄

无奈（兴平市） 1996 年摄

满载而归（凤翔县） 1986 年摄

后记

　　摄影对我只是工具，激励我活着的工具。我不为摄影而活，但我活着必须摄影。用摄影记录生活、解读人生、认知社会是我逐渐形成的摄影观。30多年过去了，偶尔翻阅20世纪60年代中期初学摄影时拍的照片，我发现其中就蕴含着这种观念的因子。我曾经幻想着摄影能成为实现艺术追求的目标，但很快，理想连同移栽过来的信仰一起破灭了。饥饿的烙印与文化专制的创伤，使我只能脚踏实地回到民间俗人中来，以平民意识关注普通百姓的生活，用纪实手法展现关中八百里风情。我从不自觉到自觉地走上这样一条摄影之路。

　　藏着的关中，作为一种客观存在，它首先藏在民间，藏在我这些以平民意识与纪实手法拍摄的照片中。为拍这些照片，我付出了数十年的努力。无论春夏还是秋冬，抑或年节，我放弃了与家人团聚，无暇顾及年迈的父母。尽管他们不懂摄影，但他们凭一种亲情坚信我在做正事，给予我充分的理解与支持。而那些长期以摄影权威自居的所谓"革命理论家"却给关注平民生活及其生存状态的摄影者冠以"土、老、破、旧"的帽子。斗转星移，时至今日，"土、老、破、旧"的照片终于显现出其深刻的历史与文化意义。更重要的是，它们再不可重生了。

　　在一个作秀、做美的流俗时代，我恪守平凡与拙朴、自然与寻常。在我眼中，关中人用世代文化承传的每个天日填塞着岁月的纵深。面对他们，先记录下来是最重要的。而以往的历史之眼，有谁正视过他们？摄影就是摄影，简洁直录才能使之生根在自己的本体上。

　　关中文明的盛衰起伏，是秦人生命长河中翻滚的波澜。瞬间的流变，都体现着种群血性、命运轨迹和文化传承。因此，回到民间，贴近了普通人生活的烦琐，也就贴近了真实，贴近了国情。记录下凡人俗事这一个个从未进入大雅之堂的瞬间，必将为摄影注入生活的厚重，为历史增添现实的鲜活，为读者

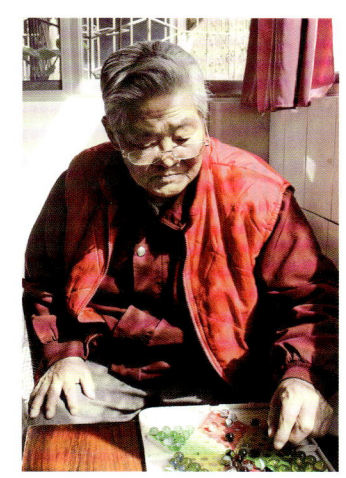

母亲晚年常常在孤独中与自己下
棋度日　2012 年摄

提供一些看后的静思。

　　《藏着的关中》已经出版整整 10 个年头了，不断有读者向我索要。而我仅存的一本还是从朋友张利铭处拿来的。这次再版，在原来的基础上，我对文字和选入的图片作了必要修订与调整，新增加 250 余幅从未发表过的照片。这些老照片最早的摄于 1971 年，最晚的摄于 2014 年，时间跨度 43 年。经过时间与岁月的洗礼，它们都经受了考验，每一个瞬间都与被历史遗忘太久的普通关中人命运与遭际相关，与他们的生存状态及生存方式相关，与他们的习性及愿望相关。总之，与数千年间关中人断续重生的文化血脉相关。

　　不是说如今是读图时代吗？"读"字由"言"和"卖"合成，有言卖出才有读，可见言与读自古就是一种交易关系。信息与知识也是商品，是有价值的，因此，才被自觉互换。言不仅能换来阅读与传播，还能换物、换权、换地位。这说明言是分类的，分功能的。影像也一样，无论面对哪种类别与功能的影像，既不能强制人读，也不能强制人不读。读图应是一种相互的自愿行为。

　　本书再版之际，我要再次感谢我的关中父老乡亲！同时感谢薛保勤、马来先生以及西北大学出版社对本书再版所付出的努力，感谢编辑和所有为此书付出辛勤劳动的朋友与同事。就在我夜以继日整理编辑书稿期间，久病不起的母亲于 6 月 2 日离我而去。谨以此书献给我的母亲，以表我的不孝之心！

胡武功
2013 年 6 月 28 日
改定于 2014 年 3 月 8 日

图书在版编目（CIP）数据

藏着的关中/胡武功著 . — 西安 : 西北大学出版社 , 2014.4
ISBN 978-7-5604-3380-6

Ⅰ.①藏… Ⅱ.①胡… Ⅲ.①陕西省—概况 Ⅳ.
①K924.1

中国版本图书馆 CIP 数据核字 (2014) 第 062029 号

藏着的关中

作　　者	胡武功
责任编辑	郭学功　王　岚
装帧设计	周　伟　辛梦东
版式设计	麦思瑶
出版发行	西北大学出版社
网　　址	http://press.nwu.edu.cn
电子邮箱	xdpress@nwu.edu.cn
电　　话	029-88302825
传　　真	029-88303301
经　　销	新华书店
印　　刷	陕西龙山海天艺术印务有限公司
版　　次	2014 年 4 月第 1 版
印　　次	2014 年 4 月第 1 次印刷
开　　本	889 毫米 ×1194 毫米　1/16
印　　张	32.75
字　　数	232 千字
书　　号	ISBN 978-7-5604-3380-6
定　　价	198.00 元